Je suis une **T.A.T.I.N**

Manuel d'**autocoaching** pour **gourmands** de la vie

Je suis une **T.A.T.I.N**

Manuel d'**autocoaching**
pour **gourmands** de la vie

Nicole Robert

© Nicole Robert, 2023
ISBN : 979-10-415-2952-0
Dépôt légal : décembre 2023
Auto-édition – Impression à la demande
Tous droits réservés pour tous pays. La reproduction et la traduction, même partielles, de cet ouvrage sont strictement interdites.

Illustrations : Élise Pépay

À mes enfants, les plus grands trésors de ma vie

Nos parcours de vie personnel et professionnel sont faits de bifurcations et au final, c'est une bonne chose. Que la vie serait monotone si la route était lisse comme une mer d'huile, non ? Comment apprécier les bonnes choses de la vie s'il n'y avait aucun aléa, aucun accident, aucun malheur ?

Facile à écrire quand on est dans une situation où tout va bien mais quand on est dans une période down, très down et avec une réalité augmentée par le contexte sanitaire, écologique, économique et mondial, tout cela n'est pas simple à vivre.

Pourtant, je veux croire qu'en toutes circonstances, on peut garder la positive attitude et tirer des apprentissages de nos erreurs, nos échecs, nos difficultés et construire des forces issues du côté obscur tout comme du côté lumineux de la vie. C'est un peu comme le yin et le yang, deux facettes complémentaires, deux morceaux faisant partie d'un tout.

La seule grande différence entre le côté obscur et le côté lumineux de la force réside dans la façon dont chacun tire des leçons pour avancer, grandir, se développer et utiliser sa magie.

Sommaire

Introduction 11
Le côté obscur de la force mais la force quand même

Chapitre 1 | Tranquilliser son enfant intérieur 25

Chapitre 2 | Accepter les choses de la vie 57

Chapitre 3 | Trouver son Ikigaï 103

Chapitre 4 | Inventer sa vie 147

Chapitre 5 | Savoir dire non, c'est savoir dire oui à SOI 191

Chapitre 6 | Vers une vie équilibrée 213

Conclusion 235
Les livres qui ont éclairé mon chemin 243
Annexes 245

INTRODUCTION

Le côté obscur de la force mais la force quand même

Comprendre ses racines, accepter son passé (glorieux ou non, gai ou dramatique) me semble nécessaire pour identifier qui l'on est : d'une part, elles font partie intégrante de notre construction identitaire ; d'autre part, elles permettent d'analyser la situation présente pour mieux se projeter vers l'avenir.

Il ne s'agit pas de ressasser le passé et de vivre dans un passé idéalisé ou culpabilisant mais de l'assumer tout simplement.

Pour ma part, mon passé (devrais-je dire mon passif ?) permet de comprendre ma philosophie de vie, explique les chemins professionnels que j'ai empruntés et a construit les fondements de la méthode T.A.T.I.N que je vais vous présenter.

Loin de vouloir tomber dans le pathos et le larmoyant, je vous présente rapidement qui je suis et quel est l'état d'esprit de cet ouvrage.

Abandonnée à ma naissance par une génitrice, alors âgée de 16 ans, j'ai été placée dans une famille d'accueil dans l'attente d'être adoptée et surtout adoptable (il faut être officiellement et légalement abandonnée). Ma « mère » n'avait jamais rempli aucun document dans ce sens, attestant de mon réel abandon. Elle avait été dans un déni de grossesse (je le suppose) et avait réussi à cacher à tous ses proches son état. Il est vrai aussi que dans une famille très catholique, cela faisait un peu tache de tomber enceinte si jeune !

Je n'ai jamais su et ne saurais jamais qui était le géniteur !

Après presque trois ans de vie paisible et oserais-je dire « normale » dans cette famille d'accueil, le père de ma « mère » donc mon grand-père maternel, a intercepté par hasard une lettre de la DDASS (désormais l'ASE) demandant pour une énième fois la signature de l'autorisation d'adoption et apprit ainsi mon existence. Il décida alors de m'extraire de ma famille d'accueil qui me chérissait depuis deux ans et demi pour que je retrouve ma famille d'origine. Je me souviens encore de mon papa de cœur en larmes, je ne l'avais jamais vu pleurer et de l'absence de ma maman de cœur qui, par pudeur certainement, ne voulait pas me montrer son désarroi. Pour ma part, je ne comprenais rien à la situation mais j'ai le souvenir de quitter une famille où tous les visages étaient blancs pour arriver dans une famille où tout le monde avait le visage chocolat (c'était mon expression à l'époque). Malgré mon jeune âge, je me souviens encore du duffle-coat bleu ciel et des petites bottines rouges que je portais ce jour-là et de la sensation ancrée en moi pour toujours d'un accueil non bienveillant en arrivant de cette famille de huit enfants, dans laquelle je n'étais pas attendue du tout. Quelle violence ! Seul mon grand-père semblait heureux et satisfait que son « sang ne se disperse pas ». C'était son expression !

Il était fier mais juste et savait montrer de la gratitude. Il eut ainsi la présence d'esprit de ne pas me couper totalement de ma famille de cœur et nous autorisa à nous revoir pendant quasiment toutes les vacances scolaires. Très rapidement, mes grands-parents maternels sont repartis au Bénin dont ils sont originaires pour y vivre une retraite plus ou moins paisible, dans un pays officiellement qualifié de république démocratique mais qui à l'époque était endoctrinée par une politique militaro-marxiste.

À peine habituée à ce nouvel environnement, après leur départ en Afrique, je fus ballotée entre différents membres de cette famille parce qu'on ne savait pas quoi faire de moi. Je n'avais que 5 ans et je pus alors découvrir à quel point je n'étais pas désirée. Au démarrage de cette déjà troisième partie de ma vie, ma « mère » ne voulait pas de moi donc un oncle s'est dévoué pour me garder et m'éduquer à coups de martinet réguliers. Mais je prenais trop de place et je faisais de l'ombre à ses deux filles donc il m'a renvoyée chez l'expéditeur, ma « mère ». Après un an de maltraitance physique et psychologique – je devais par exemple dormir tous les soirs par terre, à côté de son lit et quand j'étais punie, devant la porte sur le paillasson, parce qu'elle considérait que m'accueillir et me nourrir était une faveur –, j'ai décidé du haut de mes 6 ans et demi d'aller rejoindre une tante qui habitait à quelques stations de métro de là et de quitter ce tortionnaire. Le jour où j'ai pris cette décision précédait un moment de violence extrême et de grande détresse et solitude pour moi, à tel point que je me souviens avoir pensé sur le moment que j'allais réellement mourir. C'est une angoisse terrible à vivre mais c'est un élan de survie qui m'a donné l'impulsion de partir. Enfin, je vécus un peu de repos et d'affection chez cette nouvelle tante qui malheureusement ne put me garder que deux ans et me réexpédia chez une autre tante. J'ai alors 9 ans.

Sous des apparences de générosité chrétienne et de douceur, se cachait, chez cette femme, une personne instable psychologiquement et aussi très violente : les coups de poing, les menaces de coup de couteaux, les arrivées à l'école avec un œil au beurre noir ou des hématomes, les tentatives de me jeter par la fenêtre, les intrusions dans mon lit la nuit de ses différents amants qui me trouvaient plus désirable et jolie qu'elle ont été réguliers jusqu'à ma classe de terminale.

Pourquoi ne suis-je pas partie à nouveau ? Mais pour aller où et rejoindre qui ?

Je pris mon mal en patience, j'accueillais les changements d'humeur avec philosophie et m'endurcissait à la douleur. Je me demandais parfois pourquoi aucun adulte : ni les voisins témoins auditifs de mes cris ni les professeurs spectateurs de mon visage tuméfié et déformé – ne disaient rien. Des études statistiques montrent qu'un enfant sur dix est victime de maltraitances et 2 % seulement des situations sont détectées par les médecins alors que pouvait-on demander à des voisins ou au corps enseignant ?

L'intime conviction que j'avais la ressource, la force intérieure en moi pour m'extirper de ces mauvaises choses m'a rendue plutôt bonne élève. Ma seule ambition fut alors de décrocher mon baccalauréat et de partir faire des études pour quitter ce contexte familial délétère et peut-être enfin commencer à avoir le droit de vivre.

L'univers a toujours un projet même s'il parait obscur à certaines périodes de la vie !

De ce parcours douloureux et culpabilisant pour l'enfant que j'étais, je n'en ressors pas du tout amère. Au contraire, je considère que j'ai beaucoup de chance. J'ai rencontré dans cette première étape de ma vie quelques personnes bienveillantes (peu), protectrices qui m'ont structurée et prodigué le minimum d'amour nécessaire pour grandir. J'ai aussi très vite développé ce que Boris Cyrulnik appelle la vigilance glacée des enfants maltraités. Je savais par exemple à la façon dont « ma mère » mettait la clé dans la serrure, en rentrant du travail, le soir, si je devais me préparer à recevoir des coups ou des maltraitances psychologiques. Ainsi l'intuition et l'écoute que j'ai développées comme modes de décryptage des situations, des relations ont fait de moi un excellent recruteur et manager, quand je suis entrée dans la vie active.

Très vite, j'ai pris conscience que je ne pouvais m'en sortir que par ma volonté et mon désir de vie. Tout cela m'a donné une combativité, une endurance, une résistance aux événements, une philosophie de la vie, une capacité à recevoir les difficultés de la vie, un rapport au monde et aux tracas du quotidien différents des autres.

Cette histoire de vie particulière m'a permis d'acquérir une densité interne pour avoir une agilité intellectuelle, émotionnelle et professionnelle dont j'ai pris conscience peu à peu.

Bien évidemment, les traumatismes restent ancrés en moi, dans mon identité de jeune fille, d'étudiante que j'ai été puis de femme, d'amoureuse, de mère que je suis.

Par ailleurs, ma relation aux autres a longtemps alterné entre défiance ou attachement rapide, voire excessif. Dans le premier cas, que ce fût physique, comme un câlin, ou affectif, comme une relation, laisser les autres s'approcher de moi m'était presque impossible, non pas par choix mais par protection et par anticipation que l'autre puisse me blesser. Or, je n'étais pas prête à prendre un tel risque. En outre, à cette époque, je voulais avoir une vie la plus normale possible.

J'ai aussi grandi sans ami pour ne pas montrer le dysfonctionnement du monde dans lequel je vivais et parce que j'étais tellement habituée à être seule que je me demandais à quoi un ami pouvait bien servir !

Dans le second cas, j'ai vécu des situations de déséquilibre émotionnel, essayant bon an mal an de trouver dans chaque relation une petite dose d'amour. Je me rapprochais parfois vite, trop vite des autres les faisant fuir et leur départ réactivait alors en moi un sentiment d'abandon. Cela alimentait ma peur d'être blessée et m'éloignait encore plus des autres, enfermée dans ce cercle relationnel vicieux.

De même, une fierté mal placée et une confiance en moi en berne m'empêchaient souvent de demander de l'aide, de parler de mes problèmes, de me confier. Mais de toute façon à qui aurais-je pu me confier ?

Pourtant, solliciter autrui est le socle de la vie en société mais j'ai compris que cet acte, banal pour certains, remettait en jeu, pour moi, le lien de dépendance à l'autre, ma famille en l'occurrence, auquel s'ajoutaient aussi des habitudes familiales bien ancrées. Demander était une honte, un aveu de faiblesse, un endettement, au sein de ma cellule familiale d'origine.

Le non-amour et la dévalorisation régulière au sein de celle-ci ont façonné ma personnalité d'adulte et m'ont positionnée dans des régulières situations de « prostitution émotionnelle ». L'humain est un être social qui a un besoin affectif fondamental, celui de se sentir aimé et considéré. Or en ayant manqué d'amour pendant mon enfance, j'ai cherché, une fois adulte notamment auprès de mes partenaires amoureux, à remplir ce réservoir affectif inconditionnellement vide tel un trou béant et à trouver dans le regard de l'autre la reconnaissance que je devais m'accorder à moi. Alors la relation à deux ne pouvait être que vouée à l'échec !

Oui, nous avons tous besoin d'être reconnus parce que la reconnaissance montre notre VALEUR en tant que personne aimée et qui mérite d'être aimée. Non, elle ne doit pas se chercher dans l'autre mais d'abord en soi pour être capable de se faire confiance, de trouver la force intérieure afin d'améliorer, de panser notre estime de soi et d'avoir une meilleure vision de soi et des autres.

Combattre ces injonctions fut la clé de la réussite de mon parcours professionnel (et de vie plus généralement) et désormais je suis une coach professionnelle, alignée, confiante et épanouie. Comment en suis-je arrivée là ?

Après vingt ans d'expérience RH, le coaching fut comme un appel interne, une exigence à passer à autre chose. C'était comme une évidence non formulée qui s'est éclaircie au fur et à mesure que je me suis mise en mouvement. Je me suis mise en mouvement et je me suis transformée. Rien n'est perdu et n'importe qui peut se transformer s'il réussit à accueillir toute situation rencontrée dans sa vie comme une occasion de grandir, d'aller au-delà, de passer outre.

Après quinze ans de succession de CDD au sein de la fonction publique dans le domaine des ressources humaines (RH), il y a dix ans, j'ai occupé un nouveau poste sur lequel je me suis vite ennuyée. Cette expérience de bore-out assez déstabilisante m'a mise dans une situation de déséquilibre mais j'ai pris le temps de réfléchir à ce que je voulais vraiment, comment, pourquoi (raison) et pour quoi (but). Je voulais aussi comprendre pourquoi je me sentais si mal sur ce poste.

J'ai alors entamé une formation qui permettait d'apprendre à élaborer un portefeuille de compétences pour moi et pour les autres. Cela me semblait une démarche gagnante sur tous les plans : j'acquérais de nouvelles compétences pour le poste RH que j'occupais, je faisais une introspection sur mon propre parcours et mes choix passés, actuels et futurs.

Cette décision, apparemment anodine, a littéralement changé ma vie et a conduit à ma transformation au sens littéral du terme (au-delà de la formation).

En effet, la banale passation d'un test de motivations professionnelles pendant cette formation a confirmé la dimension sociale de mes intérêts professionnels et mon besoin quasi viscéral de me sentir utile. Ce fut comme une révélation. J'ai compris alors l'origine du malaise que je ressentais dans le poste que je venais d'accepter. J'étais cantonnée à des tâches administratives et subalternes, devant un ordinateur à faire de la veille RH et juridique avec des contacts très limités (deux à trois appels par semaine) et l'interdiction de rencontrer des salariés, injonction en totale contradiction avec mon poste de Responsable RH. On était en plein paradoxe ! Je ne comprenais plus le sens de mon travail !

J'ai pris ainsi conscience que mon moi professionnel (et dans un second temps, mon moi personnel) n'est personne sans les autres et que jusqu'alors, je m'étais identifiée à des rôles professionnels pour satisfaire l'idée que les autres avaient de moi, dans l'ignorance que ma véritable identité pouvait se trouver ailleurs.

C'est ainsi que je me suis intéressée au métier de coach et aux modalités pour le devenir... Il y a sept ans, forte de ma certification en coaching, j'ai commencé mes premiers accompagnements, le trac au ventre, en m'interrogeant sur ma légitimité. Mais malgré cet inconfort de « bébé coach », j'avais le sentiment d'être enfin moi et d'être à ma place. J'avais l'impression d'avoir recollé les morceaux de mon identité tellement morcelée et abimée pendant les premières années de ma vie, comme les éléments d'une recette qui n'attendaient qu'à être rassemblés. Depuis j'ai créé mon cabinet de coaching professionnel, DIOTIME COACHING.

Au final, j'ai profité de cette période de mal-être professionnel pour prendre le temps de redéfinir mon identité. Quel plus joli cadeau pouvais-je m'offrir ?

En ayant vécu toutes ces blessures physiques, émotionnelles et affectives, j'ai longtemps cru être une erreur, comme la tarte TATIN (qui au final fut une réussite !). C'est la raison pour laquelle j'ai donné ce nom à ma méthode. J'ai grandi en pensant être une mauvaise herbe, stupide, moche (intérieurement et extérieurement), non aimable (au sens littéral du terme) et non respectable, car très peu respectée.

Après un long cheminement, j'ai ENFIN compris que, comme tout un chacun, je suis une personne qui a de la valeur, que j'ai ma place, que je mérite d'être aimée et que je possède des zones de lumières, que j'ai une personnalité hors norme qui peut être inspirante et utile aux autres. J'ai compris que la colère pouvait être destructrice mais également constructrice pour prendre sa place dans le monde et être alignée avec ses valeurs et ses limites.

Oui, la colère peut être une énergie constructive, un catalyseur pour prendre sa place et avancer vers son identité profonde. Reconnaître que mon enfance fut toxique a été ma première étape vers ma transformation.

Vous pourriez juste me demander pourquoi il m'a fallu attendre d'avoir plus de quarante ans pour identifier à quel point ma famille d'origine était toxique ? Pourquoi ai-je normalisé les traitements de défaveur dont j'ai été victime pendant des années ? Et je vous répondrais alors : il n'est jamais trop tard !

Les déclics arrivent lorsque l'on est prêt à les entendre, à les percevoir, à les accueillir.

Désormais, je vis le moment présent, sans me retourner sur le passé car le présent est le seul instant de vie sur lequel j'ai la main.

Comme le dit Albert ELLIS (psychologue américain) : « Souvenons-nous que notre aujourd'hui est notre passé de demain et nous pourrons commencer aujourd'hui à nous construire un passé plus heureux que celui que nous avons connu. »

Je vous invite à relire cette phrase plusieurs fois, elle est puissante et criante de vérité.

Dans le contexte actuel où nous sommes tous, de façon plus ou moins prégnante, en quête de sens, je le vis comme une vraie réussite que d'avoir su trouver la voie de l'épanouissement personnel et professionnel et je l'ai formalisée avec une méthode que j'utilise partiellement ou en totalité avec certains coachés que j'accompagne, en fonction de leurs besoins et objectifs : la méthode T.A.T.I.N.

Il s'agit d'un acronyme qui permet aux coachés de se souvenir des grands principes de l'accompagnement que je leur propose pour sortir la tête haute d'expériences difficiles et se repositionner professionnellement (puisque je suis coach professionnelle), en étant alignés. Ma méthode est valable pour tous les aspects de sa vie : l'humain n'étant pas divisible en partie de vie mais étant un être vivant complexe et doté de facettes multiples qui composent un tout et qui fait son unicité.

Cette méthode est une combinaison subtile des apprentissages de ma vie, de mes expériences en tant que coach et des problématiques récurrentes de mes clients, une résultante de mes lectures et de mes certifications en coaching et pour finir une jolie recette de cuisine présentant, de manière sous-jacente, ma philosophie et mes valeurs.

QUE SIGNIFIE CET ACRONYME T.A.T.I.N ?

Tranquilliser son enfant intérieur : vaincre ses peurs et prendre conscience de ses croyances limitantes et pour y réussir il faut d'une part les identifier puis se parler avec bienveillance et avec le recul de la maturité.

Accepter les choses de la vie, les situations, les aléas, les bonheurs et pratiquer la gratitude, la pleine conscience, la positive attitude, la lâcher prise et comprendre qu'il n'y a pas d'échec mais uniquement des apprentissages dans la vie.

Trouver son Ikigaï, concept japonais très à la mode mais dont l'essence même est souvent oubliée pour donner du sens à sa vie.

Inventer la vie qui vous convient pour créer sa chance, œuvrer pour soi et oser sortir de sa zone de confort. Le bonheur appartient à ceux qui y croient. Il ne faut pas se mettre de limite.

Savoir dire **NON** : s'affirmer avec assertivité tout en se montrant respectueux de soi et de l'autre.

Mon ambition avec ce livre est plurielle :

1. Inspirer les lecteurs qui sont dans une mauvaise passe et leur transmettre un message d'espoir et des clés d'actions pour amorcer une réflexion, un premier travail, un premier pas vers une amélioration de la perception de soi, tout en cultivant une positive attitude

Apprendre à devenir agriculteur de soi est un exercice intellectuel assez difficile. Ce n'est pas être dans un monde de bisounours où tout est rose et positif, dans lequel on nierait ses points négatifs. Ce n'est pas non plus être dans une sorte de naïveté ! Bien au contraire, c'est adopter une position clairvoyante mais bienveillante de qui l'on est tout en tenant compte de ses réalités et comprendre comment on réagit et on interagit pour identifier si cela nous convient ou si l'on veut modifier notre comportement vis-à-vis de ces réalités.

Partant du prérequis qu'on a tous la capacité d'agir, il faut tenter de redevenir acteur de sa vie et non plus spectateur !

2. Fournir des éléments de développement personnel et professionnel aux lecteurs intéressés par ce sujet pour devenir encore plus acteur de sa vie.

Cela démocratise un peu le coaching mais ne REMPLACE EN AUCUN CAS UN COACHING AVEC UN PROFESSIONNEL SÉRIEUX NI UN ACCOMPAGNEMENT THÉRAPEUTIQUE, bien évidemment (je préfère le préciser !).

On ne se blesse pas seul et on ne guérit pas seul mais ce livre peut être une excellente manière de mieux comprendre le type d'accompagnement dont on a besoin.

Ce livre est aussi pour moi une sorte de coming out : peu de personnes connaissent mon passé et c'est une vraie gageure que d'oser le relater.

Alors ! En avez-vous assez de ne pas obtenir ce que vous voulez, de courir en vain après une réussite et un épanouissement professionnel ? Aspirez-vous à une vie plus harmonieuse, plus équilibrée ? Recherchez-vous une certaine sérénité, une paix intérieure ? Souhaitez-vous faire appel à un professionnel pour vous accompagner mais hésitez à passer le cap ? Ce livre est fait pour vous !

Vous vous sentez aligné au quotidien et réussissez à cultiver votre joie de vie ? Mais vous êtes curieux de lire ce que recouvre cette méthode, bienvenue aussi !

La plupart du temps, nous essayons de trouver à l'extérieur des réponses et des solutions alors qu'elles sont enfouies en nous. La méthode T.A.T.I.N vous accompagne vers ce cheminement intérieur en vous aidant à faire taire les pensées encombrantes et limitantes et se laisser glisser en douceur vers un sentiment authentique de réconciliation intérieure et à terme plus d'épanouissement.

3. Prenez votre temps, et laissez-vous guider.

En parcourant ce manuel, vous allez découvrir une multitude d'exercices qui ont pour vocation de vous accompagner dans votre voyage intérieur. Toutefois, je tiens à vous rappeler que chaque voyage est unique et propre à la personne qui l'entreprend.

Au premier abord, certains exercices pourraient ne pas vous parler ou vous sembler éloignés de vos préoccupations actuelles. Et c'est tout à fait normal. Pensez à un plat qui mijote doucement : au début, on distingue à peine les saveurs mais avec le temps et la patience, un délicieux arôme commence à se dégager. Il en est de même avec votre progression à travers ce manuel. Laissez-vous porter par la douce promesse de la transformation à venir, même si tout ne résonne pas immédiatement en vous.

Il est parfaitement normal que vous vous sentiez plus proches de certains exercices que d'autres. Cela ne diminue en rien la valeur de votre démarche. Vous avancerez à votre rythme, et chaque étape franchie sera une victoire en soi.

La bienveillance est au cœur de ce manuel.

Alors, soyez doux avec vous-même, faites-vous confiance et prenez ce que chaque exercice a de meilleur à vous offrir.

Souvenez-vous que ce n'est pas la destination mais le voyage qui compte.

Le côté lumineux de la force : la recette de la méthode T.A.T.I.N et quelques ingrédients supplémentaires.

On peut bien revisiter un peu la recette de base, non ?

Chapitre 1
Tranquilliser son enfant intérieur

Sécuriser son enfant intérieur

Il faut bien comprendre que les schémas de comportements dans notre vie actuelle ont pris naissance dans notre enfance. Pour identifier le niveau d'estime de soi d'un adulte, il faut se pencher sur celui de l'enfant qu'il fut car ce n'est jamais vraiment l'adulte qui souffre mais le petit garçon ou la petite fille, l'enfant intérieur, qui est en nous qui s'exprime à sa manière.

L'existence et la reconnaissance de cette part « enfant » de notre personnalité ne sont pas des concepts nouveaux.

Dans les années 1940, le psychiatre suisse Carl Gustav Jung parlait d'enfant divin. Dans les années 1960, le psychologue américain Eric Berne en fait la base de l'analyse transactionnelle et rajoute à la théorie de Jung la déclinaison du moi intérieur en trois états :

1. Le Parent représente le cadre qui fixe les règles. Il symbolise la « loi ». Il a également un côté protecteur, encourageant et rassurant. Ce sont aussi nos valeurs, nos croyances ou nos attitudes qui proviennent de nos propres figures parentales.

2. L'Adulte est le siège de la raison. Il pense, évalue, analyse et prend des décisions pour agir face à une situation vécue dans le présent. Cet aspect de nous est construit sur le principe de réalité, d'analyse tangible, factuelle. C'est lui qui décide et trouve les solutions aux problèmes.

3. L'Enfant, qui est dans le ressenti, les émotions et les réactions. Il respecte les règles, se conforme aux normes sociales et peut apporter un regard neuf sur certaines situations. Tout adulte porte en soi un petit garçon ou une petite fille qui pense, agit, parle, s'émeut et réagit exactement de la même façon que lorsqu'il était un enfant.

Donald Winnicott (psychanalyste britannique) faisait référence au moi véritable et Charles Whitfield, médecin américain spécialisé dans l'aide aux survivants de traumatismes infantiles, utilisait l'expression « enfant en soi ».

Comme les héros des contes de notre enfance qui mettent en avant des enfants en danger et qui malgré l'adversité réussissent à s'en sortir (le petit Poucet, le Chaperon rouge, Hansel et Gretel...), nous avons, tous, au fond de nous un enfant réduit au silence, effrayé, blessé, frustré qui nous empêche peu ou prou de nous épanouir. En prendre conscience en se reconnectant à lui va permettre de le tranquilliser et de devenir un adulte pleinement épanoui.

Dialoguer avec son enfant intérieur, lui dire qu'on l'aime, le rassurer et lui confirmer qu'il n'y a plus de raison d'avoir peur parce que l'enfant, devenu adulte, est capable de se défendre par exemple. Bref, se reconnecter à lui permet de (re) trouver une énergie de vie et une inspiration que nous avons perdues quand nous sommes devenus grands.

L'enfant intérieur est donc une métaphore pour aborder notre vécu enfantin car l'enfant que nous étions demeure présent en chaque adulte que nous sommes : l'adulte n'est qu'un enfant qui a grandi. La reconnexion à son enfant intérieur est donc le socle de la libération de ses blocages, de ses peurs pour tendre vers une paix intérieure et vivre une existence plus sereine et alignée.

L'enfant intérieur est la somme de toutes les mémoires conscientes et inconscientes enregistrées depuis tout petit.

Notre enfant intérieur, c'est notre petit nous qui a vécu certaines choses et qui continue de souffrir, de s'exprimer, de réagir, s'il n'a jamais été apaisé. Si l'on n'a pas conscience que c'est notre enfant intérieur qui continue de s'exprimer, de souffrir, de crier à l'intérieur de nous, on ne peut pas l'écouter, le guérir, le soigner ni le consoler. Par conséquent, on se retrouve dans des schémas répétitifs, des souffrances et des situations dont on a du mal à se sortir, des émotions non comprises qui surgissent brutalement.

Il rassemble symboliquement le concept de l'enfant, son comportement face à ses proches, la place et le rôle occupé dans sa famille, les obligations, les devoirs et les conditionnements mis en place pendant l'enfance.

L'archétype de l'enfant intérieur blessé porte en lui des blessures qu'il n'avait pas initialement et qui sont apparues au contact de la vie extérieure et de la relation avec ses éducateurs principaux : parents, familles d'accueil ou les éducateurs secondaires : oncles/tantes ; grands-parents, instituteurs, figures parentales, culturelles, religieuses ou toute autre figure d'autorité qui ont marqué pendant l'enfance. L'enfant intérieur blessé est le symbole de notre cerveau émotionnel blessé : il est le véhicule de certaines émotions (colère, peur) ou de comportements : timidité, effacement... bien ancrés.

Il est donc le reflet de nos émotions et de nos comportements d'adulte. Il s'agit alors de se reconnecter avec quelques-unes des fondations de notre construction identitaire car trop souvent, en devenant adultes, nous avons fait taire cet enfant intérieur alors qu'il est notre véritable « moi ». Notre enfant intérieur a donc beaucoup à nous apprendre de .

Pourquoi ? Parce qu'il est une part de notre inconscient à ne surtout pas ignorer. Or, plus de 90 % de nos choix sont dictés par notre inconscient, par ce que l'on a vécu, entendu, assimilé, compris...

L'enfant intérieur se construit à partir de toutes les émotions, toutes les sensations qui ont pu nous traverser et qui ont pu orienter positivement ou négativement nos choix de vie et qui font ce que nous sommes aujourd'hui.

Par conséquent, l'écouter, l'observer, le laisser s'exprimer, va permettre de (re) trouver sa véritable identité, d'être la meilleure version de soi-même, de s'aligner avec ce que l'on est au fond de nous et donc de tendre vers plus de bonheur et d'épanouissement.

Pour aller à la rencontre de votre enfant intérieur et plonger avec bienveillance dans une exploration douce de soi-même, il faudra donc affronter ses croyances, ses blessures, ses peurs et arrêter de les « cacher sous le tapis » comme des poussières gênantes, car elles restent présentes et font partie de nous.

Pour cela, il faut identifier et prendre conscience de certains blocages et freins qui nous empêchent d'avancer. C'est qui est intéressant, c'est qu'il n'est jamais trop tard pour changer, et devenir réellement ce que l'on est au fond de nous. Il n'y a pas de moment idéal pour le faire, il y a juste le moment où l'on se sent prêt à le faire.

Quand nos parts blessées et apeurées se sentent écoutées, accueillies, elles peuvent alors peu à peu « guérir » de leur souffrance. Cela rend notre énergie jusque-là focalisée à les combattre ou à les dissimuler disponible pour une meilleure qualité de vie.

Tout le monde est concerné par cette notion d'enfant intérieur, si l'on décide de partir en quête de soi, de qui l'on est vraiment. Cet enfant qui sommeille en nous n'attend qu'une chose d'être enfin sorti du coin sombre où on l'a caché. Il espère être vu, entendu, reconnu et aimé. Régulièrement, il essaie de nous faire signe mais on s'efforce de le faire taire. Il va se manifester de différentes manières, par de la tristesse, de la frustration, de l'irritabilité, de la colère, ou encore de la jalousie, du désespoir, un sentiment d'impuissance, une perte de motivation.

Alors, tendons-lui l'oreille et accueillons enfin ce qu'il a à nous dire.

Apprenez à vous connaître et prenez conscience de la personne que vous êtes, comprenez vos valeurs, vos émotions, vos forces, vos faiblesses, vos qualités, vos défauts, vos points forts, vos points d'amélioration. Décryptez vos émotions pour vivre en harmonie avec vous et votre entourage. Cela implique un travail d'introspection pour aller au contact de soi, sans écouter les autres et sans jouer un rôle : sortir du JEU social pour revenir vers le JE (identitaire).

EXERCICE

Essayez de comprendre les blessures dont votre enfant intérieur a été victime et posez-vous ces questions :

Qu'ai-je l'impression d'avoir vécu, subi ?

_____

_____

De quoi ai-je l'impression d'avoir souffert étant enfant ?

_____

_____

Quels sont les événements qui m'ont vraiment marqué ? Pourquoi ont-ils été marquants pour moi ?

_____

_____

Quel message mon enfant intérieur veut-il me faire passer ?

_____

_____

Se confronter à soi n'est pas chose aisée car on se rend compte de son imperfection.

Être imparfait est tout à fait normal. Cela fait partie de notre condition humaine. C'est le contraire qui ne l'est pas et qui de toute façon ne peut engendrer que de la déception, la frustration et la désillusion ! Alors vive l'imperfection, vive les bobos à l'âme, vive les situations difficiles (point trop n'en faut quand même !) car tout cela nous fait grandir, avancer dans la vie, si on sait prendre les choses du bon côté. J'aime cette citation de Léonard Cohen : « Il y a une fissure dans toute chose ; c'est ainsi qu'entre la lumière ». Alors, détecter vos fissures et faites-y passer votre lumière.

Une fois ce travail d'introspection amorcé, vous deviendrez au fur et à mesure acteur de votre vie et non plus spectateur, vous saurez plus facilement prendre des décisions, atteindre vos objectifs et vous entretiendrez des relations authentiques avec vous-même et également avec les autres. C'est top, non ?

C'est un travail au quotidien qui ne s'achève pas vraiment car nous évoluons, nous nous adaptons, nous faisons face à des situations qui nous font évoluer et cela amène aussi parfois à une relecture différente de son passé.

La connaissance de soi prend l'être que nous sommes dans son entièreté. Cela permet de régler des conflits internes, des blocages pour développer sa capacité à s'affirmer et à développer une bonne estime de soi.

Renouer avec son enfant intérieur est donc une manière intéressante de travailler sur l'affirmation de soi, sur ses pensées limitantes.

Attention, je parle ici en tant que coach et ne suis absolument pas psychothérapeute ! Le travail de ces deux professionnels de l'accompagnement peut être complémentaire mais ABSOLUMENT pas confondu. Si l'enfant intérieur est grièvement blessé (comme je l'ai été, par exemple), un travail avec un psychothérapeute, psychologue ou psychiatre sera indispensable. Le soutien d'un spécialiste pourra alors faciliter et accélérer le processus de guérison, notamment si les traumatismes (d'enfance) sont tellement importants que les personnes mettent en place des mécanismes de défense très protecteurs parce que la douleur provoquée par le traumatisme est trop difficile à supporter. Dans ces cas d'écorchements à vif, vouloir y faire face seul me semble inextricable et constituera une épreuve dont vous ne pourrez vous soulager qu'en étant bien accompagné par un professionnel.

▶ Comprendre ses croyances limitantes

En tant que coach, nous travaillons de façon superficielle sur cet enfant intérieur notamment en allant identifier les moteurs et les croyances limitantes qui nous définissent.

Une croyance est l'ensemble de tout ce que nous pensons et notre représentation du monde. L'homme n'est qu'un système de croyances ce qui fait qu'il n'y a pas de réalité. Il n'y a que la réalité que nous percevons avec notre système de croyances.

Une croyance est quelque chose que nous admettons comme vraie sans l'avoir nécessairement vérifiée Les croyances nous procurent une représentation relativement compactée de ce que nous pensons être la réalité. Elles assurent la cohésion et la stabilité de notre système de pensées.

Pour valider notre construction, nous recherchons en permanence dans le réel ce qui confirme et conforte ces croyances. Tout ceci nous rassure et contribue à maintenir une certaine cohérence à notre construction.

Nos croyances nous paraissent donc naturelles, universelles ou partagées par des personnes « de bon sens ». Bref, elles sont « vraies » pour nous. Elles créent notre réalité qui est différente du réel.

Quand on est enfant, nous absorbons ce qui est amené par notre environnement immédiat : nos parents, notre famille, l'école, un coach sportif, un mentor, nos amis... ils nous apportent leurs conceptions de la vie et leurs croyances. Ils nous fournissent « des lunettes de vue » du monde qui grossiront certaines choses ou en déformeront d'autres.

Nous modifions alors au fur et à mesure que nous grandissons la réalité au travers de tous ces filtres génétiques, sociaux, culturels, familiaux, religieux, éducatifs, et personnels.

Dès le premier jour de notre existence, nous établissons notre carte du monde à l'aide de nos cinq sens. Nous faisons des interprétations, au fur et à mesure des émotions essentielles, des comportements visités et des expériences vécues. Nous voyons ce que nous voulons bien voir et nous construisons les représentations en fonction de ce qui nous arrange.

Les croyances ne touchent pas qu'au spirituel, à la religion ou à des pensées existentialistes ; elles concernent aussi les choses plus ordinaires de notre quotidien.

Nous passons, en réalité, une partie non négligeable de notre temps à « valider » nos croyances : toute nouvelle expérience ne fait que nous enfermer encore plus dans notre système de croyances ; notre pensée étant conditionnée par ces dernières.

Les croyances engendrent donc des réactions répétitives, stéréotypées, selon les situations et les moments. Pour maintenir notre cadre de références, nous faisons en sorte que les choses se produisent telles que nous les avions prévues. Nous sommes alors devant le fait accompli et cela confirme que nous avions raison.

Mais certaines de ces croyances nous limitent et il est intéressant de les appréhender.

EXERCICE

Pour vous familiariser avec le concept de croyance, voici un questionnaire auquel vous ne pouvez répondre qu'en exprimant des croyances. Notez trois à cinq idées auxquelles vous croyez à propos de :

- Vous-même.
- L'amitié.
- La vie de couple.
- L'éducation des enfants.
- La société.
- Les systèmes politiques.
- La réussite sociale.
- L'argent.

Pour chacune de ces idées, trouvez au moins trois arguments convaincants qui alimentent ou contredisent cette croyance.

Aidez-vous du tableau si nécessaire.

Ma croyance par rapport à…	Arguments qui alimentent ces idées..	Arguments qui contredisent ces idées…
Vous-même		
L'amitié		
La vie de couple		
L'éducation des enfants		
La société		
Les systèmes politiques		
La réussite sociale		
L'argent		

Appréhender toutes ces croyances n'est pas si aisé. Pourquoi ? Indépendamment de cette terrible injonction sociétale et culturelle qui nous demande de nous montrer forts, résistants, nous avons tous intégrés depuis notre tendre enfance des « messages contraignants », des moteurs (drivers) intérieurs qui impriment notre façon d'agir.

Ils sont issus de messages reçus (plus ou moins directement et de façon plus ou moins récurrente) depuis notre enfance par nos éducateurs principaux : parents, familles d'accueil ou nos éducateurs secondaires : oncles, tantes, grands-parents, instituteurs, figures parentales, culturelles, religieuses, sportives ou toute autre figure d'autorité qui a marqué pendant l'enfance.

Les messages contraignants ou drivers sont des injonctions qui peuvent être :

→ Verbales (c'est-à-dire liées à des petites phrases qui ont jalonné toute notre enfance) :
  - ✓ « sois fort », « sois le meilleur », « ne pleure pas » ou « tu ne vas pas pleurer pour ça », « sois un homme », « arrête de pleurer », « arrête de te plaindre », « ne fais pas encore ta mauviette »…
  - ✓ « sois gentil » ou « tu n'es pas gentil », « tu me fais de la peine » « il n'y a pas que toi dans la vie, pense un peu aux autres », « fais plaisir à maman »…
  - ✓ « sois parfait ! », « bravo mais… tu peux mieux faire », « je m'attendais à mieux de ta part »…
  - ✓ « presse-toi ! », « arrête de trainer ! », « tu es trop lent, tu me fais perdre mon temps », « allez plus vite, je n'ai pas que ça à faire »…
  - ✓ « acharne-toi ! », « donne-toi un peu de mal », « à vaincre sans effort, on triomphe sans gloire », « on n'a rien sans rien »…

→ Non verbales :
  - ✓ L'enfant auquel on refuse tout ce qu'il demande reçoit implicitement le message : « tu n'existes pas » car ses besoins et désirs ne sont pas entendus, ni reconnus, ni satisfaits.
  - ✓ L'adolescent auquel les parents ne laissent aucune autonomie, liberté ou responsabilité reçoit le message « ne grandit pas » ou « tu n'es pas digne de confiance ».

Ces messages verbaux et non verbaux sont comme des injonctions et permissions. Elles forgent l'esprit qui sera implicitement autorisé ou non à réussir à prendre des initiatives, des risques.

Ces injonctions deviennent souvent des directives de scénario de vie et sont renforcées par des maximes, paroles, commentaires qui ponctuent la vie familiale :

« Chez nous on n'a jamais eu de chance. »
« Chez les XXXX, on se montre toujours forts. »
« Dans notre famille, on ne demande rien à personne. »
« Pour vivre heureux, vivons cachés. »
« L'argent ne fait pas le bonheur. »
« Trop bons, trop c... », etc.

On les appelle « **messages contraignants** » car ils nous amènent à contraindre notre vraie nature profonde (et donc à ne plus s'écouter) pour nous conformer, pour rentrer dans le moule du groupe (familial, d'amis, etc.), pour être intégrés à notre environnement, dans l'objectif d'être tout simplement aimés. Tous les êtres humains ne cherchent, au final, qu'une seule chose : être aimés. Donc on accepte d'entrer dans cette enveloppe, de mettre ce déguisement, de se contraindre pour pouvoir être aimés.

Ces messages contraignants présentent deux effets pervers principaux. D'une part, ils gouvernent nos comportements bien malgré nous et parfois aux dépens de notre perception de ce qui est bien et ce qui ne l'est pas et surtout de ce qui est bon pour nous. D'autre part, chacun étant une résultante subtile de ces messages intégrés, ils déterminent nos attentes vis-à-vis des autres.

Ils sont donc le terreau idéal à tous nos blocages, frustrations, injonctions, malentendus et incompréhensions, insatisfactions, jugements, etc.

Je vous invite à faire le test en annexe pour déterminer quelles sont ces petites voix intérieures. Il y en a cinq :

1. « Sois parfait ! » → Personnes qui cherchent toujours à dépasser les autres, à faire mieux. Elles sont souvent critiques vis-à-vis des autres qui n'en font jamais assez à leurs yeux → Personnes pour lesquelles rien n'est assez bien, elles sont toujours insatisfaites de ce qu'elles ont fait et de ce que les autres font.
2. « Sois fort ! » → Personnes qui n'extériorisent jamais leurs sentiments. Face à l'adversité, elles sourient. Elles ne savent pas se laisser aller. Elles méprisent toute forme de faiblesse.
3. « Dépêche-toi ! » → Personnes sont toujours actives, impatientes, elles courent toujours. Elles peuvent aussi agir au dernier moment malgré une longue échéance donnée pour réaliser un travail car l'urgence peut être stimulante intellectuellement pour elle.
4. « Fais des efforts ! » → Personnes qui n'ont jamais terminé, tout ce qu'elles font est laborieux. Elles sont toujours insatisfaites, toujours sur la défensive. Elles ont peur de ne pas comprendre.
5. « Fais plaisir ! » → Personnes soucieuses de leurs partenaires/amis/proches qui ont toujours peur de mal faire. Dévouées, elles n'osent se plaindre de peur de gêner. Elles cherchent à plaire et à faire ce que les autres attendent d'elles.

Ces messages ne sont pas si graves en soi. Ils constituent même des atouts et présentent des aspects positifs, dans certaines situations professionnelles ou personnelles.

Exemple : Être sous l'influence « dépêche-toi » quand on est médecin urgentiste, être sous l'influence du « sois parfait » pour un expert-comptable ou du « fais des efforts » pour un sportif de haut niveau constituent des moteurs, des atouts dans la vie professionnelle. Mais à y regarder de plus près, ils peuvent se révéler également incroyablement limitants car trop exigeants.

Il faut juste en prendre conscience. À défaut, ils impriment nos actions de façon automatique et nous donnent une vision du monde et de soi à laquelle on croit devoir adhérer.

Comment se débarrasser de ses croyances limitantes ? Comment sortir de ces schémas de pensées qui réduisent notre champ des possibles malgré nous ?

1. Supprimer une croyance, c'est commencer par mettre de la nuance et éviter les « tout le monde », « il faut », « je dois », « je ne serai jamais », « je suis trop ».

2. Raconter son histoire de vie de façon différente en s'interrogeant : « Et si ma croyance était fausse ? Quelle pourrait une autre clé de lecture possible ? »

_____

_____

_____

_____

3. S'inventer des croyances ressources : elles seront positives pour vous stimuler, vous donner de l'énergie et renforcer l'estime de soi. Elles permettent d'acquérir les capacités nécessaires pour faire face aux défis de la vie et gérer son stress. En voici quelques exemples :

   - « Je suis capable de réussir. »
   - « Je suis compétent dans tel domaine... »
   - « Mon avis a de la valeur et j'ai envie de le communiquer aux autres. »
   - « Je peux faire part de mes soucis à mes proches. »
   - « Je peux demander de l'aide. »
   - « J'apprends par essais-erreurs et chaque expérience m'offre de nouveaux apprentissages. »
   - « Je suis digne d'estime et de respect. »
   - « Je crois en ma valeur et en celle des autres. »

Et vous, quelles sont vos croyances ressources ? Écrivez-les sur le livre mais aussi pourquoi pas sur des post-it, à coller dans votre portefeuille, dans votre agenda, sur le miroir de la salle de bains ou votre table de chevet, pour les voir quotidiennement, comme des « mantras » qui vous suivraient partout.

_____

_____

_____

_____

▶ **Panser ses blessures émotionnelles**

Nous pouvons aussi avoir intériorisé des blessures qui empêchent d'être soi-même.

Les effets de ces blessures sont comme des programmations au niveau de l'inconscient et leur présence non conscientisée cause bien des états de mal-être.

Au niveau de l'inconscient, aussi longtemps que la blessure est active, elle induira le même état d'être et les mêmes inconforts. La méconnaissance de ces émotions ou blessures a des impacts majeurs sur notre bien-être, nos émotions, notre santé, notre vie amoureuse, familiale et professionnelle.

Voici ces cinq blessures fondamentales[1] et leur masque correspondant, c'est-à-dire les protections que l'on met en place de façon plus ou moins consciente pour se protéger de ces blessures. Vous comprendrez peut-être pourquoi vous vivez telle ou telle situation à répétition.

---

1   Le concept des cinq blessures de l'âme a initialement été mis en lumière dans les travaux de recherches du psychiatre américain John Pierrakos qui, lui, s'était inspiré de William Reich. Lise Bourbeau les a ensuite fait connaître à grande échelle et elle a très bien vulgarisé le tout.

Il s'agit des blessures de rejet, d'abandon, d'humiliation, de trahison et d'injustice. Chacune d'elles amène à se forger un masque de protection au fil du temps, lequel s'installe principalement durant l'enfance et entrave grandement notre joie de vivre et notre réussite.

La description détaillée ci-dessous de ces blessures et des masques développés pour ne pas en souffrir nous permet d'entreprendre la bonne démarche de « guérison », celle qui mène au résultat recherché : **être soi-même.**

Blessures	Exemples de mécanismes de défense appelés aussi «masques»	Exemples de réactions typiques
Rejet	Fuyant	Évitement des situations sociales Réponses évasives
Abandon	Dépendant	Cherche constamment l'approbation des autres Sensibilité accrue aux émotions des autres
Humiliation	Sacrificiel Auto-affliction	Autodénigrement Accepte souvent des situations inéquitables pour éviter les conflits
Trahison	Contrôlant	Méfiance excessive Besoin de tout planifier
Injustice	Rigide	Perfectionnisme Jugement sévère des autres

EXPLICATIONS DU CONCEPT

La blessure de rejet et le masque fuyant

Cette blessure naît dès la période de conception, généralement en lien avec le parent du même sexe. La personne affectée par ce sentiment aura tendance à s'isoler, à chercher à passer inaperçue. C'est ce que j'appelle le complexe du passe-muraille. Quand j'étais jeune adulte non « réparée », si j'avais pu, je serais rentrée dans les murs pour ne pas être vue.

La personne peut aussi avoir tendance à s'éloigner des gens. Elle préfère s'organiser seule, souvent elle se sous-estime et est très sensible au jugement des autres.

Montrant des difficultés à s'exprimer, elle va refouler ses émotions qui vont donc s'imprimer puisque ce qui ne s'exprime pas (ce qui ne s'extériorise pas) s'imprime (reste gravé en nous).

Cette blessure amène la personne à un comportement de rejet d'elle-même alors qu'elle n'aspire en réalité qu'à être aimée de tout son être. Souvent, elle cherche à être parfaite, pensant que cela va faciliter l'acceptation et l'amour des autres envers elle.

La blessure d'abandon et le masque dépendant

Ce sentiment s'installe avant les trois ans de l'enfant, généralement en lien avec le parent du sexe opposé. La personne très affectée par l'abandon a souvent des difficultés en couple car elle montre un besoin d'attention important, ce qui peut être très énergivore et anxiogène pour le partenaire et donc source de disputes. Elle se sent souvent victime.

C'est ce que j'appelle le syndrome de Caliméro. Vous savez le petit poussin noir du dessin animé ? Il est dans une interrogation quasi permanente : « Pourquoi moi ? », « Pourquoi la vie est-elle injuste, trop injuste ? ».

Inconsciemment, cette personne se décharge sur les autres de la responsabilité de son propre bonheur. Souvent dans une relation de dépendance affective, elle a peur de s'affirmer et pourra se trouver vraiment déstabilisée lors d'une séparation car le sentiment d'abandon est réactivé. Elle peut attirer des gens manipulateurs et contrôlants : en ne prenant pas suffisamment sa place, elle donne le pouvoir aux autres, ce qui à terme, la rend souvent malheureuse.

La blessure d'humiliation et le masque masochiste

La blessure d'humiliation naît entre un an et trois ans avec le parent qui s'occupait surtout du développement physique de l'enfant. Il y a eu coupure d'avec la notion de plaisir. Avec le temps, cette personne n'écoute pas ses besoins et « engloutit » ses émotions, d'où souvent des problèmes d'embonpoint ou d'obésité ou des troubles alimentaires.

Je le surnomme le complexe Laurel et Hardy.

Elle a tendance à s'oublier au profit des autres. Elle a honte d'elle-même et refuse le plaisir par peur d'être humiliée. Elle n'écoute pas assez son intuition, ses envies. Tristement, elle peut aller jusqu'à s'humilier elle-même.

La blessure de trahison et le masque de contrôlant

La blessure se crée habituellement entre deux et quatre ans avec le parent du sexe opposé. La personne affectée par la blessure de trahison éprouve des difficultés à déléguer. Elle peut manipuler fréquemment pour arriver à ses fins. Elle a vécu des coupures brutales dans ses relations de confiance en étant enfant et cela a créé chez elle une peur d'être trahie.

Donc, elle se cache dans une carapace de protection et valorise son ego. Elle aura un comportement de surjeu/de « sur-je » : elle parle trop fort et impose son point de vue, manque de délicatesse dans ses communications, se montre brutale et autoritaire. Souvent, elle donne l'impression et se comporte comme si elle se sentait supérieure aux autres alors qu'en réalité, elle manque de confiance et d'estime d'elle-même. Elle tente seulement désespérément de le compenser par les comportements décrits ci-dessus sans s'en rendre compte.

À l'extrême, elle peut même basculer vers des comportements de pervers narcissiques. Ces personnes contrôlantes auront besoin de gens en faible estime d'eux-mêmes pour pouvoir établir leur domination, ce qui démontre paradoxalement un trou béant dans leur confiance en soi.

Je l'appelle le complexe de Judas.

La blessure d'injustice et le masque rigide

Elle est vécue entre quatre et six ans avec le parent du même sexe en général. La personne qui en a souffert aura tendance à nier ses émotions et ses ressentis (autant émotionnels que physiques). Elle sait très bien les dissimuler et réussit à ne rien laisser paraître. Souvent perfectionniste, elle refuse d'avoir de l'aide et encore moins d'en demander. Ce serait en effet vécu comme étant une marque de faiblesse car elle pense que personne ne peut faire mieux qu'elle ! Elle aime bien paraître, aux yeux des autres, comme une personne parfaite, ce qui la pousse à ne pas écouter ses propres limites et la rend très exigeante envers elle-même et les autres.

Je lui donne le sobriquet de complexe de Blanche-Neige (à cause de la réplique : « miroir, mon beau miroir, dis-moi qui est la plus belle ? »)

Bien évidemment, de tout ce qui vient d'être décrit, on peut n'avoir que les éléments d'une blessure, pas nécessairement toutes les « caractéristiques ». On est tous touchés par les cinq à différents degrés. L'important est d'en reconnaître les signaux et de réaliser qu'en tant qu'adultes, lors d'un de nos comportements, une réaction ou une remarque, c'est la blessure de l'enfant que vous étiez qui réagit. Observez-vous agir lors de situations conflictuelles, anxiogènes ou de plaisir et réagir pour décoder cela et vous en détacher progressivement.

5 Blessures qui empêchent d'être soi

Parent du sexe opposé	**Entre 2 et 4 ans** Mensonges à l'enfant. Pas de réponses à ses attentes. Trahison de sa confiance. On s'est servi de lui.	→	Aime se sentir spécial et contrôler les autres. Son impatience le pousse à la manipulation et à fuir l'engagement.
	TRAHISON		**CONTRÔLANT**
Parent du même sexe	**Dès la conception** L'enfant ne s'est pas senti accueilli, accepté, désiré, choyé, aimé.	→	Il est perfectionniste, idéaliste mais doute de sa valeur. Il ne croit pas avoir le droit d'exister. Il fuit la réalité et s'isole du monde.
	REJET		**FUYANT**
Parent du sexe opposé	**Entre 0 et 3 ans** L'enfant ne s'est pas senti soutenu, écouté, ni entouré sur le plan affectif.	→	Il redoute la solitude, il existe donc à travers les autres et fait tout pour attirer leur attention et leur soutien.
	ABANDON		**DÉPENDANT**
Parent(s) castrateur(s)	**Entre 1 et 3 ans** L'enfant s'est senti brimé dans ses envies et sa liberté d'éprouver le plaisir physique.	→	Sensuel mais soumis, il cherche le plaisir mais le redoute. Il se sacrifie pour l'autre, de peur de se sentir indigne.
	HUMILIATION		**MASOCHISTE**
Parent du même sexe	**Entre 4 et 6 ans** L'insensibilité et la froideur du parent ont freiné le développement de son individualité.	→	Exigeant envers lui-même et les autres, il passe pour froid et insensible. Son optimisme de surface cache la peur de ne pas mériter l'amour.
	INJUSTICE		**RIGIDE**

Ces descriptions ne sont que des points de repère pour vous aider à mieux comprendre vos comportements mais aussi ceux des autres. Il n'y a pas de raison de culpabiliser ni d'en vouloir à vos parents. On fait tous de notre mieux en fonction de ce que l'on porte comme bagage de vie. Cependant, il s'agit d'en prendre conscience pour modifier des automatismes de fonctionnement et s'améliorer dans un but de mieux-être et d'approfondissement de son humanité et de son empathie.

Selon vous, avez-vous subi l'une ou plusieurs de ces blessures ? Laquelle ou lesquelles ?

_____

_____

_____

_____

Puis répétez à haute voix en vous regardant dans le miroir :

Cette blessure ne me définit pas

Nos blessures de vie sont soit subies et elles dirigent alors notre vie, soit on réussit à construire par-dessus elles pour les transcender, les transformer.

De là, la nécessité d'essayer de vivre en conscience toujours un peu plus chaque jour. En s'observant agir et réagir au quotidien et en voyant les effets des blessures chez les autres via leurs perceptions, opinions, comportements et croyances, on devient plus compréhensifs vis-à-vis des autres et vis-à-vis de soi. On pondèrera les jugements envers soi et les autres, nous permettant alors de cheminer pas à pas vers un soi réconcilié et grandi.

CONTE À LIRE

L'histoire se passe dans un village de campagne, lors d'une brocante : un exposant a placé une affiche sur laquelle on peut lire : « chiots à vendre, pas cher ».
Un petit garçon de 10 ans s'approche du stand et demande :
— Vous avez des chiots à vendre ? Demande l'enfant au commerçant.
— Bien sûr, ils sont à 30 €
— Ah... Je n'ai que 5 €... Je peux les voir au moins, s'il vous plaît ?
— Bien sûr jeune homme ! Le commerçant siffle. Et immédiatement, du chenil, une chienne arrive accompagnée de ses sept petits chiots, tous aussi mignons les uns que les autres. Loin derrière, le dernier arrive à peine à se déplacer.
— Il est malade le dernier, là-bas ? demande l'enfant, inquiet.
— Non, pas vraiment... En fait, hélas, on lui a découvert une dégénérescence osseuse. Il boitera, toujours le pauvre.
— Waouh ! C'est lui que je veux alors ! dit l'enfant tout excité.
— Attends ! Attends ! Réplique le commerçant. Celui-là, je ne peux pas le vendre, il ne sert à rien. Prend un chiot valide !
— Ah non, certainement pas. Je vous donne les 5 €, et chaque mois je vous apporterai mon argent de poche jusqu'à ce que je paie ma dette.
— Si tu veux mais 5 € suffiront. Prends-le !
— Hors de question ! Il a autant de valeur que les autres chiots. Vous avez dit 30 € ! Très bien, je vous les donnerai comme promis. C'est important pour moi.
Le petit garçon s'éloigne du stand pour aller à la rencontre de ce chiot, hélas touché par la malchance génétique. Il prend le chiot dans ses bras et l'embrasse avec force et vigueur les larmes aux yeux.
En voyant le petit garçon marcher, l'exposant comprend aussitôt car il voit la prothèse orthopédique de la jambe du jeune enfant qui boite aussi de manière conséquente.
— Vous savez, Monsieur, dit l'enfant, moi non plus, je n'ai pas eu de chance à ma naissance. Moi non plus, je ne peux pas courir, ni sauter, ni jouer comme tous les enfants de mon âge. Ce petit chiot a besoin d'un propriétaire qui l'aime tel qu'il est et qui puisse ressentir ce qu'il ressent au plus profond de lui.
— Très bien, mon jeune ami, tu as parfaitement raison. Laisse-moi alors ajouter 10 € à ton compte pour la leçon de vie que tu viens de me donner.

Nous sommes tous abîmés de la vie mais tout dépend de la manière de voir et d'accueillir nos blessures physiques ou morales.

▶ Se libérer de ses peurs

La peur est comme un boulet dont il faut réussir à se libérer pour déprogrammer les limitations, les autosabotages, les freins que l'on met en place plus ou moins consciemment car elle décide de nos actions ou plutôt de nos inactions.

Les affronter et s'y confronter permet de rendre notre vie plus légère et la rendre à hauteur de nos envies, de redevenir maître de notre vie et cela alimente notre confiance en soi. Derrière chaque peur, il y a la crainte de perdre un besoin comblé ou non comblé : par exemple, la peur de perdre ou de changer de travail répond au besoin de sécurité, la peur de s'affirmer ou de parler en public répond au besoin de faire partir d'un collectif et d'être reconnu, la peur de quitter un partenaire qui ne nous convient pas peut correspondre à un besoin de sécurité affective.

Osez regarder les différentes peurs en vous et acceptez qu'elles existent, même si elles sont douloureuses, embarrassantes, car au final, ce n'est pas du fait même que l'on a peur (il existe par lui-même, il s'est déjà produit) mais de la pensée, de l'émotion qu'elle peut susciter.

Allez dans l'exploration et examinez cette partie sombre et de façon générale, les événements de votre vie qui ont laissé des traces pour qu'ils cessent de hanter vos pensées et de vous faire souffrir.

N'oubliez pas que les circonstances sont neutres et indépendantes de vous, ce sont des faits alors que vos pensées dépendent de vous et sont donc « maitrisables ».

Alors, mettez-vous dans un mindset de gagnant avec une intention de pensées positives et libérez-vous de vos peurs car l'épanouissement de soi ne peut avoir lieu sans les dépasser.

La peur est l'émotion ressentie lorsque nous percevons, anticipons ou imaginons un quelconque danger, un risque d'atteinte à notre sécurité personnelle, physique, psychologique. La crainte et l'inquiétude sont en lien direct avec la peur. Avoir peur est un mécanisme naturel mais c'est son intensité, sa récurrence et la durée dans le temps qui peuvent devenir problématiques.

EXERCICE

1. Lister vos peurs

J'ai peur de .... parce que mon besoin est ....

J'ai peur de .... parce que mon besoin est ....

J'ai peur de .... parce que mon besoin est ....

J'ai peur de .... parce que mon besoin est ....

J'ai peur de .... parce que mon besoin est ....

2. Répéter à haute voix, à plusieurs reprises :

J'ai peur de .... mais ce n'est pas insurmontable, je vais y arriver.
J'accueille ma peur et je peux/je suis capable de ....

J'ai peur de .... mais ce n'est pas insurmontable, je vais y arriver.
J'accueille ma peur et je peux/je suis capable de ....

J'ai peur de .... mais ce n'est pas insurmontable, je vais y arriver.
J'accueille ma peur et je peux/je suis capable de ....

J'ai peur de .... mais ce n'est pas insurmontable, je vais y arriver.
Certes, j'ai peur et j'accueille ma peur et je peux/je suis capable de ....

Des affirmations positives à se répéter comme des mantras :

Je suis capable d'affronter ma peur
Je suis courageux
Je suis capable d'agir
Je vais agir

Vous pouvez aussi transformer vos phrases négatives en phrases positives par exemple :

Au lieu de penser à :

J'ai peur de ne pas le faire →J'ai la certitude que je vais réussir

J'ai peur que cela ne fonctionne pas → Je sais que cela va fonctionner

Je crains que cela soit impossible → C'est possible, j'en suis convaincu.

Je sais que ce n'est pas fait pour moi → J'ai la certitude que cela me conviendra

Il n'y a pas de raison que cela m'arrive ! Je suis toujours malchanceux ! → J'ai plein de raisons de me réjouir de ma chance, elle se manifestera encore cette fois-ci.

Je ne gagne jamais → soit je gagne, soit j'apprends donc je gagne aussi.

EXERCICE

Quand vous vous sentirez prêt à le faire, allez explorer votre « enfant intérieur » : ralentissez le rythme de votre quotidien, mettez-vous au calme pour prendre le temps d'expérimenter la visualisation.

L'idée est de stopper l'agitation habituelle et d'écouter son silence intérieur. Nous avons la mauvaise habitude de vouloir faire presque tout à la fois. On décide donc de poser un stop sur ses pensées pour une courte durée : elles auront tout le loisir de revenir ultérieurement !

Ensuite, vous allez vous remémorer l'enfant que vous étiez : comment étiez-vous physiquement ? Quels vêtements aimiez-vous porter ? Quelles activités vous procuraient une joie simple et authentique ? Quels traits de personnalité vous caractérisaient : lève-tôt ? Lève tard ? Enfant solitaire ou plutôt tourné vers les autres ? Étiez-vous un enfant plutôt discret ou qui aimait être le centre de toutes les attentions ?

Vous éprouvez des difficultés à replonger dans votre passé et à visualiser ? Allez chercher quelques photos de vous enfant ou feuilletez des albums de famille ou tenez dans votre main un objet lié à votre enfance, écouter une musique que vous aimiez quand vous étiez petit, lisez un conte que l'on vous racontait régulièrement à l'époque de votre enfance.

Puis laissez votre esprit vagabonder dans les souvenirs vers le chemin qu'il souhaite et accueillez les émotions (joie, colère, peur, tristesse), les sensations agréables ou désagréables. Acceptez ce qui vient sans culpabilité ni jugement.

Dans un second temps, « pausez-vous » à nouveau pour vous demander :

- Qu'est-ce que je fais ? Mes actions d'aujourd'hui sont-elles le fruit de mes propres envies ?
- Qui suis-je ? Où en suis-je dans ma vie ? Suis-je vraiment heureux ?

Essayer d'y répondre sans masque. Si les réponses ne vous satisfont pas, demandez-vous alors quelle est la plus petite action que vous pourriez mettre en place pour amorcer un changement dans ce qui ne vous convient pas aujourd'hui.

Vous percevez que l'exercice est trop difficile pour vous actuellement et qu'il génère une charge émotionnelle trop impactante à laquelle vous ne voulez/pouvez pas vous confronter ? Pas de stress, pas de culpabilité ! Cornez la page, continuez la lecture et revenez sur l'exercice plus tard.

Essayez aussi de renouer avec les petits plaisirs de l'enfance (et de diminuer les sources de déplaisirs) afin de vous reconnecter à vos envies.

▶ **S'imposer une discipline du plaisir**

En tant que coach, j'accompagne fréquemment des personnes se sentant dépassées par le poids de leurs obligations, happées par une quête de la perfection qui tend à effacer ce qu'elles sont.

Nous vivons une époque au cours de laquelle, la perfection et le faire vite semblent être la norme. Il est souhaitable socialement d'être parfait, rapide et efficace sur tous les plans, dans toutes les sphères de sa vie, chez soi comme au travail. Ainsi, les hommes doivent être de parfaites représentations de la gent masculine, virils et forts, de parfaits travailleurs dans leurs champs de compétences, des sportifs compétiteurs, de parfaits pères de famille et des maris irréprochables, des bons copains. Il faut reconnaître que l'éducation masculine est encore trop centrée sur l'agressivité et la compétition, avec la conséquence dramatique que les hommes sont trois fois plus exposés au burn-out. En effet, les diktats du masculin qui stigmatisent, peur, faiblesse, vulnérabilité, lenteur d'action, favorisent le déni de la dépression.

Les femmes subissent une pression identique. Elles doivent être des femmes parfaites, jouant de leur féminité sans être trop vulgaires, des mères aimantes, des épouses disponibles, des amies sympathiques.

J'explique souvent aux coachés que j'accompagne la différence entre la perfection et l'excellence. L'excellence nous tire vers le haut alors que la perfection nous rend malheureux car elle est inatteignable. C'est une quête sans fin, source de frustration, celle de ne jamais être suffisamment à la hauteur. L'excellence, quant à elle, se traduit par la réussite d'un événement, à un instant précis. On apprécie ce que l'on vient d'accomplir dans l'ici et maintenant. Elle est donc source de satisfaction.

C'est l'histoire cumulée de toutes les pressions : de celles qui viennent de l'entourage qui décide qu'on n'a pas le droit d'être malade, fatigué, harassé par des journées à rallonge, de notre culture, de nos croyances qui nous rappellent que l'on n'a pas le droit à l'erreur.

Viennent s'ajouter les messages positifs ou négatifs transmis par notre éducation. Ce conditionnement détermine nos comportements : ne pas oser prendre du temps pour soi sans culpabilité, considérer que s'occuper de soi est une perte de temps, une preuve d'égoïsme, associer repos et paresse. Toutes ces croyances, plus ou moins conscientes, peuvent nous rendre sourds à nos besoins et freiner notre aspiration au mieux-être.

Certains pourraient penser qu'il s'agit d'un formidable moteur que de tendre vers l'être parfait qui réussit tout ce qu'il entreprend, qui ne perd jamais pied, qui ne se plaint pas, qui est beau, intelligent, mince, disponible. En réalité, il s'agit de se confronter à une image inaccessible qui demande des efforts et une discipline au quotidien considérables, énergivores et anxiogènes.

Et si on mettait un peu de cette énergie à se faire du bien ?! Tout comme nous avons besoin de manger, de boire, de respirer, de communiquer, nous avons aussi besoin de plaisir.

Se discipliner à prendre soin de soi et à prendre du plaisir à le faire est presque un travail à plein temps.

Remettez des petits plaisirs dans votre vie sans diktat de mode, de perfection, de rapidité. À y regarder de plus près, c'est très simple pourtant car ce sont des petites choses faciles à intégrer dans son quotidien. Vous n'avez pas d'idée ? Qu'aimiez-vous faire quand vous étiez petit ?

Vous étirer longuement avant de sortir du lit ? Sauter à pieds joints dans une flaque d'eau ? Sentir la bonne odeur du pain grillé avec la perspective de prendre un bon petit déjeuner ? Prendre un bain avec plein de mousse ? Faire un jeu de société ? Souffler sur un pissenlit ? Écouter de la musique bien installé dans son canapé ou dans son lit ? Danser ? Flâner et s'ennuyer ? Jouer à cache-cache dans un champ de tournesols ?

Pour ma part, du haut de mes 50 ans, j'aime manger des gaufres avec plein de sucre glace, sourire devant un arc-en-ciel et me laisser croire qu'au bout, il pourrait y avoir un trésor, lire des contes de fées, regarder le dessin animé Scoubidou le dimanche matin en prenant mon petit déjeuner. Cela me distrait toujours autant alors que je connais tous les épisodes et que je sais qui se cache derrière le monstre ! Et cela fait d'ailleurs beaucoup rire mes enfants ! Et alors ?

Si vous voulez renouer avec votre enfant intérieur, il ne faut pas se prendre trop au sérieux, ne pas vous écouter en tant qu'adulte !

Je ne crois pas aux grandes révolutions du jour au lendemain. C'est pourquoi je préconise toujours la politique des petits pas, des petites actions, la seule qui puisse nous réconcilier en douceur avec nous-même. Améliorer son bien-être repose aussi sur la diminution des sources de déplaisir. Vous pouvez essayer de consacrer plus de temps aux activités agréables qui vous procurent de la joie comme moyen de limiter les situations de contraintes, de frustrations, de déplaisir, de mécontentement.

Alors, que décidez-vous de vous accorder comme petit(s) plaisir(s) régulier(s) ?

_____

_____

_____

_____

Souvent, on a une connaissance parcellaire de ce qu'est le bien-être.

Prendre soin de soi, c'est prendre soin de son corps, son psychisme et de sa vie intérieure. Même si je ne suis pas coach de vie, je conseille souvent les personnes que j'accompagne professionnellement à se discipliner à au moins un plaisir, régulièrement (un par jour, par semaine ou par mois). Chacun fait comme il veut et comme il peut.

C'est paradoxal, n'est-ce pas ? Discipline et plaisir sont presque des termes antinomiques.

Cela constitue une forme de lâcher-prise nécessaire pour se libérer des diktats de perfection.

Dans la longue liste des activités qui peuvent nous procurer du plaisir, nous pouvons veiller à équilibrer les plaisirs dits « narcissiques » c'est-à-dire ceux qui renforcent l'ego, comme gagner un match de badminton, réussir un exploit, être reconnu ou acclamé par les autres (mais attention à ce que ce ne soit pas une manifestation du « sois parfait »), et les plaisirs plus primaires comme le rire, le plaisir de l'effort physique, du jeu ou des sens (les caresses, la musique, la bonne chère, la beauté artistique ou naturelle).

Notre corps et notre esprit ont un besoin naturel de plaisir, ne pas lui en donner assez et régulièrement, c'est comme se priver d'un élément vital.

CE QUE JE RETIENS DE CE CHAPITRE COMME INGRÉDIENT ESSENTIEL POUR MOI :

_____

_____

_____

_____

CONTE À MÉDITER

Il était une fois un homme nommé Antoine. Il avait grandi dans une famille stricte où les émotions étaient considérées comme une faiblesse. Au fil des années, Antoine avait appris à réprimer ses émotions, à les enfouir profondément en lui-même. Il était devenu un homme dur et froid, qui ne laissait transparaître aucune émotion.

Un jour, Antoine se retrouva perdu dans une forêt sombre et dense. Il était seul, désorienté et effrayé. Alors qu'il essayait de retrouver son chemin, il entendit un bruit étrange derrière lui. En se retournant, il vit une créature étrange, mi homme, mi animal, qui se tenait devant lui.

« Qui es-tu ? » demanda Antoine.

La créature sourit doucement et répondit : « Je suis ton enfant intérieur. Je suis cette partie de toi que tu as réprimée depuis si longtemps. Mais je suis toujours là, vivante et vibrante. »

Antoine était confus. Il n'avait jamais entendu parler d'un enfant intérieur auparavant.

La créature poursuivit : « L'enfant intérieur est comme une graine qui a été plantée en toi depuis ta naissance. Cette graine contient tous tes désirs, tes rêves et tes espoirs. Elle est remplie de joie et de créativité. Mais si tu ne la nourris pas, si tu ne lui donnes pas de l'eau et de la lumière, elle ne pourra jamais grandir et s'épanouir. »

Antoine comprit alors que son enfant intérieur était cette graine qui avait besoin de soins et d'attention pour grandir et s'épanouir.

« Comment puis-je la nourrir ? » demanda-t-il.

La créature lui répondit : « Traite-moi avec amour et respect. Écoute mes besoins et mes désirs, et honore-les. Ne me juge pas et ne me critique pas mais accepte-moi telle que je suis. En faisant cela, tu me nourriras et me permettras de grandir. »

Antoine comprit alors que son enfant intérieur avait besoin de son attention et de son amour, comme une plante a besoin de soins pour pousser et fleurir.

Il promit alors à la créature de la protéger, de l'aimer, et de prendre soin d'elle comme d'un jardin secret. En prenant soin de son enfant intérieur, Antoine apprit à accepter ses émotions et à les exprimer librement. Il découvrit une nouvelle liberté et une nouvelle joie dans la vie, et devint un homme plus heureux et plus épanoui.

CE QUE JE RETIENS DE CE CONTE POUR MOI :

_____

_____

_____

_____

Comment pourriez-vous nourrir la graine de votre enfant intérieur et lui donner les soins dont elle a besoin pour grandir et s'épanouir dans votre vie ?

Quelles sont les étapes concrètes que vous pourriez mettre en place dès maintenant pour arroser cette graine et la laisser fleurir pleinement ?

_____

_____

_____

_____

Chapitre 2
Accepter les choses de la vie

L'acceptation inconditionnelle de soi

Les raisons pour lesquelles j'ai réussi à me reconnecter à moi malgré les événements que j'ai vécus étant jeune passent par le développement d'une acceptation inconditionnelle de moi et des situations.

L'acceptation inconditionnelle de soi c'est-à-dire s'accepter tel que l'on est avec ses forces et ses failles et savoir écouter ses petites voix intérieures est loin d'être aisé. Pourtant, si nous prenions le temps de considérer que nous sommes uniques et exceptionnels à notre manière, cela nous faciliterait grandement la tâche. Arrêtons de nous comparer aux autres et détachons-nous de leurs regards approbateurs ou désapprobateurs. Cela ne signifie pas de se surestimer, ni de sous-estimer l'autre mais juste s'accepter avec sincérité et autobienveillance.

Souvent nous avons tendance à être très (trop ?) exigeant envers nous-même et bien plus qu'avec les autres. Ainsi, on ne s'accorde aucun droit à l'erreur, on s'impose des rythmes difficiles, on culpabilise et on se dit des mots très durs, on se donne une claque psychologique à chaque erreur ou faux pas. Il s'agit d'une autoflagellation que l'on se fait régulièrement et qui donne des énormes coups de serpe à notre confiance en soi. Si l'on s'accordait le temps de prendre du recul pour observer la relation que l'on entretient avec soi, on se trouverait certainement trop peu bienveillants. Alors, pourquoi s'infliger un traitement que l'on ne ferait pas à un tiers ?

Je le ré-écris car c'est important et la répétition est pédagogique : apprenez à vous connaître et prenez conscience de la personne que vous êtes, comprenez vos valeurs, vos émotions, vos forces, vos faiblesses, vos qualités, vos défauts, vos points forts, vos points d'amélioration, décryptez vos émotions pour vivre en harmonie avec vous et votre entourage. Cela implique un travail d'introspection pour aller au contact de soi, sans écouter les autres et sans jouer un rôle (JEU versus JE).

Alors, comment faire concrètement pour s'accepter de façon inconditionnelle ?

Accepter ses parts d'ombre :

Je définis la part d'ombre comme la face cachée de la personnalité d'un individu, ce qui semble peu conventionnel dans notre personnalité, nos comportements, ce que l'on préfère dissimuler de notre identité. C'est un vrai challenge que de reconnaître que l'on a ces parts d'ombre en nous. Je vous rassure, on en a tous !

Reconnaître ses parts d'ombre, c'est reconnaître que nous portons tous en nous de l'égoïsme, du narcissisme, de l'égocentrisme, de la jalousie, ou de la colère par exemple mais c'est aussi reconnaître que nous avons des parts de lumière.

Les deux facettes sont utiles, comme le yin et le yang. Il faut trouver l'équilibre et il faut accepter que les deux nous constituent, nous définissent. Nos parts d'ombre sont l'expression de nos blessures très profondes de notre enfant intérieur. Plus on accueillera et on accordera un peu d'amour à ses parts d'ombre, plus elles « s'effaceront » ce qui nous rendra riche en tant qu'être humain complet.

Se parler comme à un ami car nos mots révèlent nos maux. Le mode d'expression verbale de nos pensées et de nos sentiments que sont les mots dépend de nos systèmes de croyances. Les mots sont les grands bâtisseurs de nos processus de pensées et donc de nos croyances. Par conséquent, les termes et qualificatifs que l'on s'attribue ont leur importance. Soyez attentif à la façon dont vous vous parlez, soignez votre dialogue interne et éviter des mots violents, brutaux, négatifs, dévalorisants, comme vous le feriez si vous deviez parler à un ami.

Vous avez fait tomber quelque chose dans la cuisine et vous vous dites mais « qu'est-ce que tu es bête » ? NON, vous n'êtes pas bête ! Préférez une formulation du type : « tiens, tu devais avoir l'esprit ailleurs ! À quoi pensais-tu ? »

Vous avez oublié de sortir le linge de la machine à laver et vous vous en rendez compte le lendemain matin au réveil ? Vous vous dites : « mais qu'est-ce que tu es fainéant ! Tu es vraiment bon à rien ! » NON, vous n'êtes pas fainéant ! Préférez la formulation suivante : Tiens ! J'ai oublié de sortir le linge ! Je devais être fatigué hier soir ! C'est tout à fait normal, cela arrive à tout le monde ! »

Vous venez de recevoir une énième réponse négative suite à un entretien de recrutement et vous vous dites : « tu es vraiment trop nul ! » ? NON, vous n'êtes pas nul ! Préférez la formulation : « le recruteur a estimé que mon profil ne répondait pas à ses besoins. Comment puis-je améliorer mon argumentaire pour être plus convaincant la prochaine fois ? »

Le choix des mots, le ton, les symboles qui se cachent derrière vos formulations ont un impact sur la relation que vous entretenez avec vous-même. En la matière, pas d'injonction non plus, cela peut arriver à tout le monde de se dire un petit mot désagréable. Ce n'est pas grave en soi mais c'est la régularité qui va rendre cette attitude problématique et peu à peu destructrice.

Vous vous surprenez à vous dire une parole dure envers vous-même, ne culpabilisez pas et corrigez votre formulation. Vous devez essayer de vous comporter envers vous-même comme si vous étiez la personne que vous aimiez le plus au monde.

Pourquoi cela fait du bien de se parler avec amour et bienveillance et de se considérer comme son meilleur ami ? Vous êtes la personne avec laquelle vous allez cohabiter le plus longtemps et qui va vous suivre toute votre vie. Oser vous dire que vous êtes la personne la plus importante de votre vie est déjà un premier pas pour vous accepter et vous aimer.

Par conséquent, on parlera aussi de son corps avec indulgence !

EXERCICE

Sur ce point, prenez le temps de réfléchir calmement, de vous reconnecter à votre enfant intérieur pour revoir la façon dont vous avez commencé à percevoir votre corps depuis votre enfance, puis à l'adolescence et désormais à l'âge adulte. Est-ce que votre entourage vous faisait des remarques désobligeantes ? Est-ce que vos camarades de classe se sont moqués de vous par rapport à votre couleur de cheveux, votre poids, votre taille, votre couleur de peau, le port de lunettes, d'appareil dentaire ? Quelle place accordez-vous aux médias et aux réseaux sociaux dans votre quotidien ?

Changer de paradigme :

À chaque fois que des pensées négatives vous envahissent, elles se traduisent par des comportements néfastes, des actes accomplis de manière automatique, sans vraiment réfléchir et qui provoqueront des sentiments de culpabilité a posteriori : une alimentation compulsive émotionnelle, des achats inutiles sur le net, des disputes avec son entourage, une baisse radicale de son niveau de motivation quand on se sent trop gros, laid, inutile… chacun a son propre exutoire.

Je vous propose de noter ces habitudes sur un carnet pour les garder à l'esprit et de réfléchir à un moyen de les remplacer par des gestes positifs, des phrases encourageantes et des compliments et pour rester « soie avec soi ». Une fois ces nouvelles actions mises en place, barrez avec vigueur l'habitude négative. Vous pouvez même écrire sur un quart de feuille de papier cette mauvaise habitude puis le déchirer en répétant à haute voix le comportement que vous avez adopté pour la remplacer.

Par exemple, avant, lorsqu'après une journée de travail, je rentrais agacée par une situation professionnelle stressante, je mangeais un aliment sucré (bonbons, carrés de chocolat qui parfois se transformaient en tablette entière de chocolat). Non seulement cela déséquilibrait mon rythme alimentaire pour apprécier mon dîner mais de surcroît, la prise de poids pouvait être au tournant. Désormais, ma nouvelle parade est de sauter à la corde 5 minutes, en écoutant une musique qui me booste[2]. Cela me rappelle quand j'étais petite fille et que je prenais un vrai plaisir dans la cour de récréation à sauter à la corde avec mes camarades. Les avantages ? Je travaille mon cardio (et mes fessiers !) tout en m'amusant en réactivant des joies simples de l'enfance et j'évacue la charge mentale de la situation stressante. Cela me prend peu de temps, ne demande pas un aménagement de mon temps ou de mon espace particulier et le matériel est peu onéreux.

Se pardonner et dire adieu au sentiment de culpabilité

La culpabilité apparaît lorsque nos comportements, nos pensées, nos actions ne coïncident pas avec notre intégrité. Elle nous signale que nos agissements ne sont pas bons, que ce que nous faisons n'est pas bien, que ce que nous pensons ne correspond pas à notre éthique. La culpabilité nous met dans des états émotionnels très inconfortables et agit en arrière-plan, de manière presque insidieuse.

En effet ce sentiment désagréable est ancré et le restera car au lieu d'accepter notre erreur et d'essayer de se pardonner, nous allons ruminer un discours intérieur négatif qui ne fait que renforcer la culpabilité ! C'est

---

2   Le saviez-vous ?

Certaines musiques nous apportent un regain d'énergie et de bonne humeur. Écouter de la musique a un impact bénéfique sur l'organisme, dont la sécrétion de dopamine et la réduction de la pression artérielle.

Jacop Jolij, chercheur à l'Université de Groningen aux Pays-Bas, a décrypté quelle alchimie spéciale fait qu'une musique remonte le moral :
- des paroles positives : écouter *L'aigle noir* de Barbara ou *Someone like you* d'Adèle n'est pas conseillé ;
- un tempo rapide d'au moins 150 bpm (battements par minute) ;
- des notes en gamme majeure.

un cercle vicieux. Ne serait-il pas beaucoup plus simple de changer notre attitude pour nous débarrasser de notre culpabilité en analysant ce qui nous fait souffrir, ce que nous regrettons ?

Toutes ces « mauvaises » habitudes et ces paroles non bienveillantes envers soi-même ne vont pas disparaître en une fois, du jour au lendemain. Il vous faudra du temps pour que cela devienne un automatisme dans votre mode de fonctionnement. Mais pour réussir à faire aboutir cette démarche d'acceptation de soi, il faut se pardonner. La majorité d'entre nous préfère s'accrocher à ses ressentiments et à sa colère parce qu'ils nous protègent contre d'éventuelles blessures futures. Mais en fin de compte, nous ne sommes qu'humains, et commettre des erreurs, être imparfait est l'essence même de notre condition humaine.

Un grand nombre d'entre nous éprouve ainsi des difficultés à oublier le passé et se remémore quotidiennement les préjudices auto-infligés, ce qui génère un sentiment de culpabilité.

Il est important de vous pardonner pour toutes les situations pendant lesquelles vous vous êtes autoflagellé, les contextes où vous vous êtes mal comporté envers vous-même ou envers les autres, toutes les façons dont vous avez laissé consciemment ou inconsciemment le mal arriver.

De même, considérer chacune de ses « erreurs » comme une expérience d'apprentissage vous offre l'opportunité d'avancer progressivement vers l'avenir. Vous pouvez avancer avec joie en regardant en vous et en réalisant que vous en valez la peine, que votre valeur en tant qu'individu à part entière n'a pas diminué malgré cette parole ou cet acte maladroit.

S'accepter, c'est faire la paix avec soi-même, c'est apaiser les douleurs du passé. C'est également avoir l'envie de tourner la page et prendre conscience de tous les progrès déjà accomplis tout au long de votre vie.

Cette démarche est essentielle pour repartir sur de nouvelles bases de relation à soi.

Ce changement d'habitudes prend du temps et demande beaucoup de courage mais les résultats en valent la peine car vous devez vous considérer comme une personne qui vaut la peine d'être aimée par vous et par les autres.

Identifier ses valeurs

Lorsqu'on se focalise sur ses imperfections, on oublie que l'aspect physique est rarement une priorité dans notre vie. Pensez à tout ce qui compte vraiment : la santé, l'amour, la famille, les amis, l'épanouissement au travail, les passions... et remettez l'apparence à sa juste place parmi toutes ces valeurs.

Nous possédons tous des valeurs et de grands principes de vie. Pourtant, nous prenons rarement le temps de réfléchir à quelles sont réellement ces valeurs. Par ailleurs, ce n'est pas toujours facile de définir la signification de « valeur ».

Le Larousse la définit comme : « ce qui est posé comme vrai, beau, bien, d'un point de vue personnel ou selon les critères d'une société et qui est donné comme un idéal à atteindre, comme quelque chose à défendre » et précise que nous avons tous un système de valeurs différent.

J'irai plus loin en disant que c'est ce qui fait l'identité propre d'un individu, ce qu'il est et ce vers quoi il tend. C'est aussi un ensemble de convictions personnelles et des principes qui guident nos jugements en étant l'expression de ce qui est important ou précieux aux yeux de chacun.

EXERCICE

Pour moi, c'est quoi une valeur ?

_____

_____

L'objectif est d'être capable d'identifier vos valeurs personnelles pour être davantage en accord avec elles.

Connaissez-vous la théorie des valeurs universelles de Schwartz ? Shalom Schwartz est un psychologue social Israélien. En 1992, il présente sa théorie des valeurs universelles après une analyse auprès de vingt pays.

Cette théorie traite des valeurs éthiques de base que les individus reconnaissent comme telles dans toutes les cultures. Elle identifie dix valeurs de base, que l'on retrouve, selon lui, dans n'importe quelle société (d'où l'adjectif « universelles »). Il s'agit des valeurs suivantes : bienveillance, universalisme, tradition, conformité, sécurité, hédonisme, stimulation, autonomie, réussite et pouvoir.

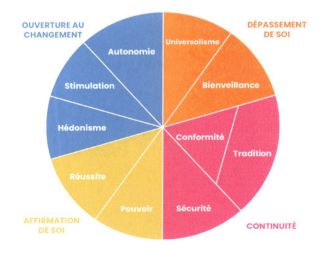

Pour Schwartz, les valeurs répondent à la définition suivante :

- Ce sont des concepts ou des croyances qui se rapportent à des buts ou des comportements désirables.
- Elles sont l'expression de motivations destinées à atteindre des objectifs particuliers comme la sécurité, l'accomplissement, l'autonomie...
- Elles guident nos choix et permettent l'évaluation de comportements envers des personnes et des événements.
- Elles sont « hiérarchisées » selon leur importance relative en tant que principes qui guident notre vie.

Identifier ses valeurs personnelles permet d'en connaître davantage sur soi et de prendre conscience que souvent nos décisions sont guidées par les diktats de la société et non par nos valeurs personnelles. C'est donc un travail d'exploration de soi.

EXERCICE

En fonction des définitions ci-dessous, identifiez celles qui résonnent en vous *(liste non exhaustive : n'hésitez à chercher d'autres valeurs et leur définition pour identifier si elles vous correspondent ou non. Il est tout aussi intéressant de reconnaître les valeurs qui font écho en vous que celles qui vous semblent très éloignées de vous !)*

Bienveillance : la préservation et l'amélioration du bien-être des personnes avec lesquelles on se trouve fréquemment en contact. Vous êtes dans la posture d'esprit suivante : « ça ne sert à rien de vouloir changer le monde si on ne parvient pas à prendre soin de son propre entourage ».

Qualités importantes à vos yeux : considération de l'autre, création des relations de confiance, loyauté, honnêteté, bienveillance

Universalisme : compréhension, estime, tolérance et protection du bien-être de tous et de la nature. Vous pensez qu'il faut savoir mettre l'individu en second plan pour pouvoir changer le monde.

Qualités importantes à vos yeux : égalité, justice sociale, protection de l'environnement, paix dans le monde...

Autonomie : indépendance de la pensée et de l'action, pouvoir choisir, créer et explorer.

Souvent, vous serez freelance, indépendant ou entrepreneur. Vous considérez que le plus important réside dans la liberté de faire ce que vous voulez, comme vous le voulez et ainsi d'avoir la sensation d'agir et de savoir pourquoi.

Qualités importantes à vos yeux : ne pas subir le joug d'une hiérarchie pesante, la liberté, la créativité, la curiosité, l'indépendance, décider de ses propres objectifs...

Sécurité : sûreté, harmonie et stabilité de la société, des relations entre groupes et entre individus, et de soi-même.

Pour vous, vivre dans un monde sécurisé est important et vous ne prenez aucun plaisir ni aucune stimulation à prendre des risques ou à vous inquiéter. Vous préférez rester serein.

Qualités importantes à vos yeux : la stabilité, l'ordre social, la sécurité intérieure, la sécurité familiale, la sûreté nationale...

Conformité : modération des actions, des goûts, des préférences et des impulsions au profit du respect des normes sociales.

Vous accordez une vraie importance au respect des règles : en son absence, il n'est plus possible de s'organiser, d'être efficace, de vivre en société ou encore de travailler ensemble dans un collectif.

Qualités importantes à vos yeux : le respect des règles, la ponctualité, l'autodiscipline, la fiabilité, la politesse dans les relations...

Hédonisme : plaisir ou gratification personnelle.

Vous considérez qu'il est important de savoir profiter de la vie. Travailler ? Oui, mais pour pouvoir en récolter les fruits. Vous ne souhaitez pas attendre la retraite pour vous faire plaisir.

Qualités importantes à vos yeux : profiter de la vie, se faire plaisir, être dans le moment présent…

Réussite : ambition et recherche du succès

Vous visez le sommet. Et pour cela, vous êtes prêt à travailler dur, à faire des sacrifices tant que vos compétences sont socialement reconnues.

Vous préférez être excellent dans un domaine plutôt que moyen partout.

Qualités importantes à vos yeux : la reconnaissance, la compétence, l'influence, l'excellence

Tradition : respect, engagement et acceptation des coutumes et des idées soutenues par la culture et/ou la religion auxquelles on se rattache. Vous considérez les traditions comme le lien qui garantit la continuité d'une vision/projet à travers les générations. C'est donc important pour vous de jouer un rôle de transmetteur de ce que vous avez vous-même reçu auprès des nouvelles générations. Vous avez conscience de n'être qu'un maillon de notre grande chaîne de l'Humanité, ce qui vous pousse à être humble.

Qualités importantes à vos yeux : l'humilité, le respect des traditions, apporter sa part à la société…

Stimulation : enthousiasme, nouveauté et défis à relever dans la vie.

Votre devise ? La vie est trop courte pour toujours faire la même chose ? Vous détestez la routine et êtes toujours partant pour découvrir et essayer de nouvelles activités.

Qualités importantes à vos yeux : la nouveauté, la surprise, les challenges, la variété, avoir une vie intrépide…

Pouvoir : statut social prestigieux, contrôle des ressources et « domination » des personnes.

Le pouvoir est important pour vous car il est perçu comme un moyen de garder le contrôle et d'avoir un impact grâce à vos décisions.

Qualités importantes à vos yeux : la richesse, le pouvoir et l'influence sociale, le statut social, l'autorité…

Celles indiquées ci-dessus ne vous font pas écho en vous ? Trouvez-en d'autres et vérifiez leur définition dans le dictionnaire, avant de vous les approprier.

EXERCICE

Maintenant que vous avez identifié vos valeurs, replongez dans les grandes décisions que vous avez prises tout au long de votre vie et déterminez si elles étaient ou non en lien avec les valeurs que vous venez de noter.

Soit cet exercice confirme que vos actions sont bien alignées avec vos valeurs ; soit vous n'agissez pas en accord avec elles. Dans ce dernier cas, demandez-vous :

1. En quoi ces décisions ont-elles été en désaccord avec vos valeurs ? Qu'avez-vous ressenti à ce moment-là (si vous vous en souvenez) et que ressentez-vous maintenant en y repensant ?
2. Pour les décisions et actions à venir, demandez-vous si vous devez revoir votre système de valeurs ou votre comportement ? Devez-vous agir plus en alignement ou bien devez-vous revoir vos attendus, votre niveau d'exigence ?

Se poser ces questions permet de comprendre que notre dialogue intérieur est totalement lié aux attentes que l'on a envers soi-même.

Accepter les compliments

Ce n'est pas toujours facile mais lorsqu'on vous fait un compliment, essayez de ravaler vos remarques négatives et remerciez, tout simplement. La personne qui vous fait un compliment fait la démarche authentique de vous dire ce qu'elle pense de votre valeur. Elle vous offre un cadeau que vous refusez symboliquement quand vous rétorquez négativement. Gardez ces mots gentils dans un coin de votre tête ou notez-les sur un carnet et pensez-y à chaque fois que vous avez le moral dans les chaussettes.

Ma fille avait confectionné, avec sa maîtresse d'école, pour une fête des mères, un bocal à mots doux. Il s'agissait d'un pot de confiture vide dans lequel elle avait roulé une quarantaine de petits papiers entourés de jolis rubans de couleur, sur lesquels étaient indiquées des phrases relatant des petits bonheurs du quotidien qu'elle vivait avec moi. Par exemple : j'aime quand tu prépares une quiche lorraine – j'aime quand tu mets plein de mousse dans mon bain – j'aime quand on va faire du vélo ensemble – tu es toujours là pour me consoler quand je pleure – tu es la plus belle des mamans.

Je l'ai gardé et cela me touche toujours de lire ces petits mots que je connais pourtant par cœur. Et si vous vous constituiez vous aussi un petit bocal à compliments ou à mots doux ? C'est un bon moyen d'apprendre à les recevoir et à les accepter.

L'amour et l'acceptation de soi prennent du temps et c'est un effort de tous les jours : voir ce qui est, voir qui vous êtes, voir ce que vous avez, s'accepter et se connecter à son identité profonde.

J'ai fait ce travail seule et accompagnée et j'ai ainsi découvert la délicieuse tarte Tatin que je suis. Retenez que la beauté est partout même dans l'inévitable !

Vous êtes une belle personne !

À votre tour de le dire à haute voix plusieurs fois : je suis une belle personne !

L'amour de soi, ce n'est pas se trouver magnifique tout le temps, ne plus se sentir triste et avoir une confiance en soi inébranlable, c'est s'accepter tel que l'on est, être aligné avec ses défauts, prendre soin de soi dans les bons moments comme dans les plus difficiles. C'est apprendre à se dire « je t'aime » dans toutes les circonstances, même quand on a du mal à s'aimer.

EXERCICE

Trouvez-vous un compliment à vous faire une fois par jour. Vous pouvez accentuer l'effet de l'exercice en vous regardant dans le miroir et en exprimant à haute voix ce compliment.

Quand vous arriverez à le faire sans que ce soit un exercice mais que ce soit devenu un mode de fonctionnement habituel, passez le cap supérieur et dites-vous « je t'aime », en vous regardant dans le miroir, une fois par jour. Vous aurez l'impression d'être ridicule au début et peu convaincant mais persévérez. Au fur et à mesure, cette petite phrase prendra de plus en plus de force et créera un ancrage positif en vous.

J'ai testé à maintes reprises cet exercice simple, auprès des coachés que j'accompagne et il est d'une redoutable efficacité si vous le faites régulièrement !

Doper sa confiance en soi pour agir avec assuriance

La confiance en soi est un état dans lequel nous nous sentons bien dans notre peau au sens littéral comme figuré. C'est l'art de s'accepter soi-même, dans toute son entièreté et son identité, avec ses failles et ses lumières. C'est aussi l'autosoutien et la reconnaissance de qui nous sommes. C'est bien évidemment un axe majeur dans la réalisation de soi car une fois notre réserve de confiance en soi bien remplie, nous agissons avec plus d'assurance. C'est ce que j'appelle l'assuriance *(néologisme que j'ai inventé pour associer assurance et confiance).*

On a tendance à confondre confiance en soi et estime de soi. Le premier terme définit la conscience que l'on a de ses capacités et de ses compétences ; le second, la reconnaissance de sa valeur personnelle. C'est le degré de valeur que l'on s'accorde.

La relation à soi est composée de trois éléments : l'estime de soi, la confiance en soi et l'affirmation de soi.

L'estime de soi

C'est l'opinion que vous avez de vous-même : « je m'aime », « je me sens intelligent. » Cette base de la confiance se construit très tôt, dans l'enfance.

On ne nait pas avec un capital « estime de soi » mais elle va se construire au fur et à mesure au travers du regard des autres (regard bienveillant des parents, confiance de nos éducateurs, ce que notre environnement pense de nous qui nous envoie des informations d'amour ou de confiance ou le contraire) et des expériences que l'on va faire dans la vie et ce que l'on va rencontrer. Ainsi les succès génèreront un renforcement de l'estime de soi alors que les aléas et déboires rencontrés ne la nourriront que si on a le recul suffisant pour en tirer des leçons positives. Dans le cas contraire, ils entameront l'estime de soi.

Paradoxalement, on peut avoir de l'estime de soi dans un champ de sa vie et pas dans un autre : par exemple, se juger compétent et légitime dans le domaine professionnel et se juger mauvais partenaire dans sa relation de couple ou mauvais parent dans sa vie familiale.

C'est une notion fragile, « instable » dans le sens où elle peut varier en fonction d'éléments extérieurs à soi, en fonction des moments vécus dans une journée, de ce que l'on traverse comme épreuves à un moment donné de sa vie, des relations entretenues avec les personnes de notre écosystème (phrases bienveillantes, soutien ou moqueries, jugements, expériences négatives...).

Mais personne n'est responsable de votre estime de vous ni des pensées qui vous traversent l'esprit ni des émotions qui accompagnent ces fluctuations du niveau d'estime de soi. Si votre estime de vous baisse, ce n'est pas de la faute de « l'élément extérieur ». En prendre conscience permet de se responsabiliser car si on fait reposer sur quelqu'un d'autre le fait que notre niveau d'estime varie alors cela donne un pouvoir à l'autre et cela vous ôte le pouvoir de changer. S'accepter, c'est aussi prendre ses responsabilités !

S'estimer, ce n'est pas le stéréotype de l'égocentrique mais avoir de la considération pour soi, se traiter à sa juste valeur, s'accepter et savoir apprécier et aimer la personne que l'on est.

Il faut savoir que l'on a tendance à s'entourer spontanément de personnes qui ont le même niveau d'estime d'eux même que notre niveau d'estime personnelle. Cette proximité implicite va créer et nourrir la relation. Ainsi, deux personnes qui ont une bonne estime d'elles-mêmes vont s'élever et la relation sera tirée vers le haut. Le contraire est vrai, malheureusement ! Deux personnes ayant une mauvaise estiment d'elles-mêmes vont alimenter une relation qui va les tirer vers le bas.

Will Schutz[3], psychologue américain, dans les années 60 a mis en exergue que l'estime de soi est LE moteur du comportement.

Il explora le fonctionnement des ressentis, de l'esprit, du corps et les interactions entre ses trois éléments pour comprendre comment les gens réalisent leur potentiel et comment ils résolvent leurs problèmes et en déduire que la transformation se fait de l'intérieur. Ce n'est pas quelque chose que l'on peut nous imposer.

Il a alors créé une approche globale pour aider les gens à résoudre leurs problèmes et à réaliser leur potentiel. Elle se décline autour de trois principes essentiels :

Le principe de vérité : chacun peut résoudre ses problèmes en exprimant ce qui est vrai pour lui

Le principe de choix : chacun est capable de créer son propre changement

Le principe de conscience de soi : comprendre ses motivations et ses ressentis est essentiel pour faire que le changement se produise et soit durable

Au niveau du concept de soi, on trouve la notion de présence. Être présent à soi, c'est être centré au bon niveau sur ce qu'on fait, être entièrement dans la situation, faire ce que l'on fait avec tout son être

---

3   Théorie FIRO.

et être en contact avec ce qui se passe. Une présence à soi trop faible se manifestera par un éparpillement, une distraction ou un détachement par rapport à ce qui se passe. Une présence à soi trop forte se manifestera par la perte du sens de soi en s'identifiant totalement à ce que l'on fait. Le bon niveau de présence, c'est celui qui est adapté à la situation dans laquelle nous nous trouvons.

On trouve également la notion de prise de conscience de ce qui se passe en soi, de connaissance de soi. Cette ouverture à soi permet d'être en contact avec nos pensées, nos ressentis, nos croyances, nos motivations. Être trop peu conscient de ce qui se passe en soi, c'est être étranger à soi, ne pas savoir qui on est, avec la difficulté à être clair, lucide et sincère avec soi-même. Être trop conscient de ce qui se passe en soi se manifeste par une trop grande introspection avec une perte d'attention et de contact à ce qui se passe dans le monde extérieur. Le bon degré de conscience de soi est celui qui permet de se sentir bien dans sa peau pour exprimer le meilleur de soi.

Pour booster l'estime de soi, voici quelques pistes :

- modifier son dialogue intérieur pour le rendre positif, encourageant et bienveillant ;
- cesser d'aller chercher la validation chez les autres et se concentrer sur la sienne pour s'octroyer sa propre validation ;
- savoir se « pauser » et travailler sur ses forces, ses rêves, ses objectifs (sans se sentir ridicule ou imposteur dans cette démarche de reconnaissance).

La confiance en soi

C'est l'évaluation que vous faites de vos propres compétences : « je sais faire... » et de l'évaluation que vous faites de vos actes. Cette confiance en soi s'acquiert également dans l'enfance, notamment si vous avez été encouragé, félicité, ou si, en cas d'échec, votre entourage vous aidait à relativiser sans culpabiliser. La confiance en soi est un sentiment parfois difficile à entretenir et à maintenir.

La confiance en soi n'est pas l'absence de peur face à une situation mais la capacité à intégrer la peur et de l'affronter quand même et de voir toute situation comme une opportunité de grandir.

Croire en soi en toutes circonstances et se dire qu'on a la force et le talent pour réaliser nos rêves est un défi quotidien. C'est pour cela qu'il est aussi important de travailler sur les deux autres piliers : l'estime de soi et l'affirmation de soi pour avoir confiance en soi et activer le cercle vertueux de la confiance en soi dont je vais parler ci-après.

Le manque de confiance en soi empêche le passage à l'action. En effet, comment agir quand on ne se sent pas compétent ou quand on a notre ennemi « syndrome de l'imposteur » qui entrave notre pouvoir d'agir. On aura plutôt tendance à rester dans sa zone de non-risque, ce qui alimente des pensées négatives et cela contribue à diminuer la confiance et l'estime de soi. C'est pourquoi il faut le plus souvent essayer d'activer ce cercle vertueux :

Le cercle vertueux de la confiance en soi

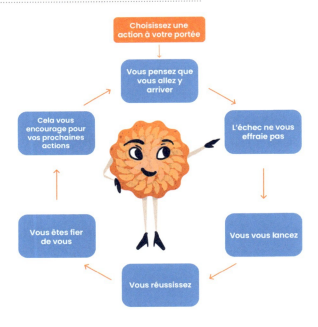

C'est un outil qui permet de visualiser les différentes étapes à mettre en œuvre pour aller vers plus de confiance en soi. Ce cercle est vertueux, il suffit d'entrer dans la « ronde ».

Première étape : c'est le premier pas et c'est toujours difficile car il faut OSER ! C'est un peu comme le premier coup de pédale à vélo. Il faut donner une impulsion plus forte pour démarrer. Commencez avant d'être prêt, osez vous lancer sinon vous mettrez en place des mécanismes d'autosabotages. Bien évidemment, nous n'avons pas tous les mêmes capacités ni appétences à prendre et gérer les risques.

Les doutes et les peurs sont utiles mais pour citer Marie Curie : *Dans la vie, rien n'est à craindre, tout est à comprendre* ». Donc cessez de vous trouver ces excuses (principalement le temps, l'argent et le fait de ne pas savoir faire) qui empêchent la mise en mouvement car dès que l'on réussit à transformer notre relation à nos blocages, on s'ouvre le champ des possibles.

Pensez à une action devant laquelle vous reculez, ou pour laquelle vous vous donnez des (fausses) excuses pour ne pas la réaliser (« je n'ai pas le temps », « je ne sais pas faire », « je n'ai pas les compétences », « c'est impossible », « je n'y arriverai pas »). Puis changez votre état d'esprit par rapport à la réalisation de cette action qui vous effraye ou sur laquelle vous procrastinez.

Il s'agit de croire que vous pouvez y arriver et/ou de vous dire que vous n'avez rien à perdre à essayer.

Deuxième étape : Passez à l'action et découpez votre tâche en toutes petites actions très concrètes, simples et rapides à réaliser au quotidien, pour la rendre moins impressionnante et ne pas risquer la démotivation dès le début.

Troisième étape : Vous êtes passé à l'action et vous voyez que vous avez réussi ? Cela alimente votre confiance en vous.

Vous avez échoué ou partiellement réussi ? Cela ne doit pas remettre en question votre confiance en vous !

Qu'avez-vous appris de cette non-réalisation ? Vos objectifs ne seraient-ils pas trop ambitieux ? Vos modes opératoires ne seraient-ils pas inadaptés ? Votre plan d'action était-il assez précis ?

Trouvez des réponses à ces questions, ajustez le plan d'actions et remettez-vous en selle pour essayer à nouveau.

L'essentiel est que vous conserviez le plaisir d'agir et que vous preniez conscience que malgré la difficulté, malgré vos craintes, vous pouvez passer à l'acte.

Dernière étape : Votre réussite remplit votre réservoir de confiance et vous ressentez de la fierté.

Vous allez davantage croire en vous, vous oserez plus facilement faire des choses inhabituelles ou plus ambitieuses et arriverez peu à peu à augmenter votre niveau de confiance en vous et donc votre niveau de bonheur.

La confiance en soi se construit donc dans l'action. Trop souvent, les gens pensent que la confiance est presque innée ! Certes, le cercle familial et les modes éducatifs peuvent faciliter son développement mais c'est de notre responsabilité que de la faire progresser en activant ce cercle vertueux.

L'affirmation de soi

C'est l'idée que vous avez de vos compétences relationnelles. Sachez que vous êtes plus affirmé si les autres sont bienveillants avec vous. Alors, développez autour de vous des réseaux non « nuisibles », libérez-vous des personnes toxiques de votre entourage (on en a tous !). Cela facilitera votre affirmation de vous-même en étant positif ou à défaut, apprenez à faire taire ceux qui sont trop négatifs et qui vous tirent vers le bas.

EXERCICE

Je vous propose ce petit exercice : notez, de 1 à 10 sur la pyramide ci-dessous, votre propre évaluation de votre situation de chaque étage (avec le plus de sincérité possible). Si vous êtes à moins de 7 à l'un d'entre eux, demande-vous ce qui explique cette note et quelle(s) action(s) vous pourriez mettre en place pour être à plus de 7.

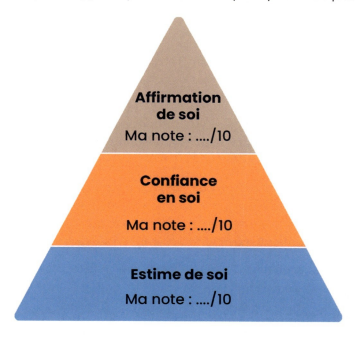

Les neuf clés de l'estime de soi

Je vous propose de faire porter vos efforts sur neuf clés de l'estime de soi, dont chacune a son importance mais il est possible que toutes ne vous concernent pas. Toutefois, soyez attentif à l'équilibre entre toutes ces clés.

EXERCICE EN DEUX TEMPS

Premier temps : sur chacune des clés suivantes, évaluez où vous vous situez en vous attribuant une note de 1 à 10 :

Clé n° 1 : Se connaître

Il s'agit de prendre conscience de ses capacités et de ses limites. La connaissance de soi est composée de quatre points :

1. Ce que je sais de moi et que les autres savent de moi.
2. Ce que les autres savent de moi et que je ne perçois pas clairement.
3. Ce que je sais de moi et que les autres ignorent.
4. Ce que je ne connais pas de moi et que les autres ignorent.

On considère que tout ce qui augmente le premier point améliore l'estime de soi. Pour cela, il va falloir transformer les trois autres points en premier point.

Transformer le point n° 2 en point n° 1 : Écouter systématiquement et même solliciter l'avis des personnes de son entourage. Même en cas de message critique, il est utile de remercier la personne pour ce que nous avons appris sur nous.

Transformer le point n° 3 : Se révéler. Ne pas hésiter à exprimer ses pensées et ses émotions.

Transformer le point n° 4 : Pour transformer ce point, il ne faut pas hésiter à se mettre dans des situations inhabituelles, à faire de nouvelles expériences qui nous « révèlent » à nous-même et aux autres.

Clé n° 2 : S'accepter

Nous retrouvons ici le concept d'amour de soi et d'amour inconditionnel. S'accepter ne veut pas dire ne pas avoir de défauts ni les nier. Cela signifie simplement s'aimer tel que l'on est.

Faites le rapprochement avec vos enfants ou avec vos amis : vous les aimez tels qu'ils sont, en ayant pleinement conscience de leurs qualités et de leurs défauts ! Alors, faites de même à votre égard !

Clé n° 3 : Être honnête envers soi

On a parfois la tentation de nier ses émotions pour des raisons d'estime de soi mal placée : ne pas avouer qu'on a peur, qu'on est contrarié ou triste fait certes partie des convenances sociales. Cependant, derrière celles-ci, on trouve souvent des problèmes d'estime de soi.

Pour cette clé, il s'agit de :

- reconnaître ses états internes (ne pas les nier) ;
- ne pas hésiter à les exprimer.

Clé n° 4 : Agir

Les actes sont la gymnastique de l'estime de soi. Passer à l'action dans un domaine modeste pourra vous aider, comme un échauffement à vous mettre ensuite à un travail plus exigeant.

Une autre manière d'agir est de devenir un expert dans un domaine : la pratique régulière d'une passion semble faire du bien à l'estime de soi, en améliorant le sentiment de compétences personnelles mais aussi en favorisant la reconnaissance sociale.

Pour changer, il est par conséquent indispensable d'agir. C'est par une modification concrète du comportement que tout commence. Il ne sert à rien de changer uniquement dans sa tête. Même minime ou symbolique, un projet qui se traduit par un acte est promis à un meilleur avenir que celui qui demeure au stade de l'intention. Bien évidemment, celle-ci est essentielle mais non suffisante.

Clé n° 5 : Faire taire le critique intérieur

Ce sont toutes les pensées essentiellement critiques que nous nous adressons à nous-mêmes. Il en existe plusieurs sortes selon que nous

nous situons avant l'action (à quoi bon agir ?) ou après l'action (c'était nul ou j'ai été nul !).

Vous ne pouvez faire face à ce critique intérieur qu'en en prenant d'abord conscience. Ensuite, prenez l'habitude de vous poser les bonnes questions sur les pensées présentes à votre esprit dans ces moments-là :

- Cette pensée est-elle réaliste ?
- Est-ce qu'elle m'aide à me sentir mieux ?
- Est-ce qu'elle m'aide à mieux gérer la situation ?
- Est-ce qu'elle m'aidera à mieux faire face la prochaine fois ?

Clé n° 6 : Accepter l'idée de l'échec

Pour changer, il faut agir et donc prendre le risque d'échouer

Voici quelques conseils pour bien savoir gérer les échecs :

- Ne pas voir les choses en noir ou blanc : le résultat d'une action est rarement complètement catastrophique ou un succès complet. Le résultat est bien souvent beaucoup plus nuancé. Chaque action nous rapporte au moins quelque chose de positif : positiver ! L'optimisme, ça s'apprend ! Cela demande entrainement et persévérance mais plus les zones du cerveau associées au bonheur seront stimulées, plus ce mode de pensée deviendra naturel. En s'efforçant à penser et à agir positif, on habitue l'esprit à voir la vie en rose, à mieux identifier les aspects positifs dans son quotidien et à créer une réalité de plus en plus positive.
- Se rappeler que tout le monde a échoué, échoue ou échouera. Les plus grandes réussites ont souvent été précédées d'échecs.
- Tirer les enseignements des échecs : considérer vos échecs comme des sources d'informations sur vous et votre environnement, non comme des preuves de votre incapacité ou de votre incompétence.

Clé n° 7 : S'affirmer

C'est faire valoir ses désirs, ses besoins, ses opinions et ses valeurs et agir en accord avec eux, sans agressivité ni concessions inutiles.

L'affirmation de soi, c'est la capacité d'exprimer ce qu'on pense, ce qu'on ressent, ce qu'on veut tout en respectant ce que l'autre pense, ressent et veut. C'est pouvoir dire non sans agressivité, répondre avec calme à une critique, demander sans toujours s'excuser.

S'affirmer ne sert pas seulement à obtenir ce que l'on veut et à se faire respecter mais aussi à se sentir bien dans sa peau et à développer son estime de soi. Cela nécessite de se respecter suffisamment pour se donner des droits face aux autres personnes. Or, se donner ces droits, c'est prendre le risque de déranger l'interlocuteur ou de lui déplaire.

C'est pour cette raison que les personnes qui ont une basse estime d'elles-mêmes ont souvent du mal à s'affirmer, car trop sensibles au risque de rejet social.

Quand on ne peut pas s'affirmer, on a recours à d'autres comportements relationnels :

- Le comportement inhibé qui consiste à subir les relations avec autrui, sans oser exprimer ce que l'on pense ou veut. Par contre, on accepte systématiquement toutes les idées et demandes des autres. Ce comportement est toujours associé à une basse estime de soi.
- Le comportement agressif consiste à privilégier ses besoins et points de vue et à négliger ceux des autres. En cas de résistance des interlocuteurs, on n'hésite pas à recourir aux conflits ou à la menace. Ce comportement est le plus souvent associé à une haute estime de soi, mais en général instable. On le retrouve aussi parfois chez des sujets à basse estime de soi lorsqu'ils sortent de leurs gonds.

Clé n° 8 : Être empathique

L'empathie, c'est la capacité d'écouter et de ressentir le point de vue des autres, de chercher à les comprendre et de les respecter, même si l'on n'est pas totalement d'accord avec eux.

Lorsqu'elle est authentique, l'empathie est un puissant moteur du développement de l'estime de soi. Elle nous permet de rester proche des autres, d'être apprécié d'eux et de nous affirmer également plus facilement.

Clé n° 9 : S'appuyer sur son écosystème social et relationnel

Le soutien social est constitué de l'ensemble des relations que nous entretenons avec les personnes de notre entourage et de l'aide que nous en retirons. Il va apporter deux nourritures précieuses à l'estime de soi : le sentiment d'être aimé et aidé.

Quelques conseils pour développer son soutien social :
- N'hésitez pas à demander du soutien.
- Activez régulièrement votre réseau social, et pas uniquement en cas de « coup dur ».
- Diversifiez votre soutien social : les proches ne sont pas les seules personnes à apporter ce soutien. Pensez également aux amis, camarades, collègues...

Deuxième temps : choisissez un objectif à atteindre, en fonction de vos résultats. Pourquoi un seul ? Changer une seule des pièces du problème provoquera des réactions en chaîne et vous apprendra une manière d'agir différente que vous pourrez reproduire ensuite.

Clés de l'estime de soi
Clé n° 1 : Se connaître
Clé n° 2 : S'accepter
Clé n° 3 : Être honnête
Clé n° 4 : Agir
Clé n° 5 : Faire taire le critique intérieur
Clé n° 6 : Accepter l'idée de l'échec
Clé n° 7 : S'affirmer
Clé n° 8 : Être empathique
Clé n° 9 : S'appuyer sur son écosystème social et relationnel

EXERCICE

Mon auto évaluation :

Clé n° 1 : Se connaître _____

_____

Clé n° 2 : S'accepter _____

_____

Clé n° 3 : Être honnête _____

_____

Clé n° 4 : Agir _____

_____

Clé n° 5 : Faire taire le critique intérieur _____

_____

Clé n° 6 : Accepter l'idée de l'échec _____

_____

Clé n° 7 : S'affirmer _____

_____

Clé n° 8 : Être empathique _____

_____

Clé n° 9 : S'appuyer sur son écosystème social et relationnel

_____

_____

Apprendre le lâcher-prise

La dernière étape dans l'acceptation inconditionnelle est l'apprentissage du lâcher-prise.

Illustration du lâcher-prise : il pleut...

- J'aimerais qu'il ne pleuve pas.
- Ma journée commence mal, je vais passer une mauvaise journée.
- Pourquoi faut-il toujours qu'il pleuve ?
- C'est tous les jours comme cela et j'en ai marre !
- Je veux qu'il fasse beau.

- Il pleut

Le lâcher-prise est défini par le dictionnaire Larousse comme étant un moyen de libération psychologique consistant à se détacher du désir de maîtrise.

Le lâcher-prise est un processus intentionnel qui consiste à abandonner ce qui nous fait souffrir car vouloir avoir le contrôle sur tout en permanence génère une charge mentale énorme dont on ne se rend pas forcément compte.

En général, soit on lâche prise par la force des choses parce que les événements nous y contraignent (par exemple une situation dramatique de type burn-out), soit on prend la décision de le faire, on s'autorise à lâcher prise parce que l'on estime que c'est le bon moment. Le lâcher-prise est, en effet, un acte de la conscience : c'est en réalisant que la situation que nous vivons est indésirable, inconfortable que nous pouvons entreprendre de l'abandonner.

Lâcher prise est une forme d'acceptation du changement qui est l'essence même de la vie.

« Rien ne se perd, rien ne se crée, tout se transforme », écrivait Lavoisier. Nous nous transformons physiquement, intellectuellement, émotionnellement tout au long de notre vie. Aller contre cette évidence et vouloir retenir le passé est contre nature, énergivore et anxiogène. Alors, essayez d'adopter tout de suite une attitude beaucoup plus ouverte et regarder ce que les changements que vous vivez dans votre vie peuvent vous apporter de positif. Cela permet d'une part de recentrer son énergie sur l'essentiel et d'autre part, cela ouvre le champ des possibles. Vous vous mettez dans un état d'esprit qui vous permet d'accueillir les opportunités de la vie en créant un espace pour que les choses s'enchaînent de manière fluide et sereine.

Pourquoi lâcher prise ?

Lâcher prise permet de se détendre et les tensions disparaissent. Cela se manifeste physiquement puisque le corps lui aussi est soulagé, la respiration devient plus calme et régulière. Il suffit d'écouter son corps pour s'en apercevoir : lâcher prise entraine immédiatement un bien-être corporel et le facteur stress, à l'origine de bien des maux, s'évanouit peu à peu. Le lâcher-prise génère donc un calme intérieur nous permettant alors de pouvoir porter notre regard sur ce qui nous entoure. C'est une ouverture à la beauté de soi (et à la beauté du monde) et cela donne accès à la totalité de la profondeur de notre être.

Pour réussir à lâcher prise, il faut donc en premier lieu, une intention de le faire puis réussir à changer ses habitudes, identifier ses vraies priorités et se débarrasser du superflu ou déléguer et apprendre à faire confiance aux autres mais pour faire confiance aux autres, il faut croire en soi.

L'intention revient à comprendre ce que nous voulons vraiment et pourquoi nous voulons ou pourquoi nous ressentons le besoin de lâcher-prise. En effet, moins on se positionne dans une intention, moins on est aux commandes de notre vie. L'intention n'est pas du surcontrôle qui serait contraire au lâcher-prise mais être au clair sur ce que l'on veut et ensuite laisser les choses se passer comme elles doivent se passer.

C'est en cherchant à tendre vers cet état de bien-être intérieur que procure le lâcher-prise que vous pourrez connaître votre moi c'est-à-dire votre nature essentielle. En vous débarrassant de tout ce qui vous freine, vous bloque, vous empoisonne l'existence, vous allègerez votre route pour cheminer sur votre chemin de vie en confiance, en conscience et réussirez à accueillir les événements (heureux ou non) qui se présentent à vous, découvrir ce que la vie vous réserve, laisser la place aux possibles.

CONTE À LIRE

Un professeur s'empara d'un verre d'eau qu'il présenta à ses élèves.

« Quel est le poids de ce verre d'eau ? » demanda-t-il. Les estimations des élèves varièrent entre 240 et 260 g.

« Est-ce que l'un d'entre vous peut venir m'aider à tenir ce verre d'eau ? »

Une élève s'avança vers le professeur et tint le verre. La jeune fille montra des signes de fatigue après quelques minutes et demanda au professeur s'il lui était possible de poser le verre d'eau sur la table.

Le professeur hocha la tête et dit aux élèves : « imaginez-vous tenir ce verre d'eau pendant des heures ou pire des jours entiers. Diriez-vous alors que le verre d'eau pèse 250 g ? »

« Non ! » répondirent les élèves.

« Exactement ! Plus vous le maintenez longtemps, plus vous souffrirez. Souvenez-vous de poser le verre sur la table de temps en temps. »

Le poids d'un verre d'eau reste le même mais plus vous le portez, plus il est lourd. Nos inquiétudes et anxiétés sont un peu comme ce verre d'eau. Plus vous y pensez, et plus elles font mal. Si vous y pensez toute la journée, vous serez alors incapable de faire autre chose.

Ne laissez pas vos anxiétés vous accaparer jour et nuit. Souvenez-vous de reposer le verre sur la table !

EXERCICE

Pourquoi je veux apprendre à lâcher prise ? En d'autres termes, en quoi ne pas réussir à lâcher prise est un problème pour moi ?

La réponse sera souvent pour donner plus de sens à ma vie. Le sens a deux définitions : c'est la signification, c'est-à-dire quel est le sens de ce que je fais (le pourquoi) et c'est aussi la direction c'est-à-dire faire un état des lieux de notre vie pour déterminer où l'on a envie d'aller (le pour quoi).

Pour vous aider à mieux cerner ce qui compte vraiment pour vous, prêtez-vous à ce petit jeu :

Vous avez 80 ans et plusieurs personnes de votre entourage se sont réunies pour célébrer cette occasion. Chacune a préparé un petit discours pour vous rendre hommage. Qu'aimeriez-vous qu'elles disent de vous ?

Votre partenaire de vie :

_____

_____

Votre/Vos enfant (s) :

_____

_____

Votre meilleur ami :

_____

_____

Votre frère/sœur (ou un autre parent proche) :

_____

_____

Un collègue de travail :

_____

_____

Lâcher prise, c'est défaire des liens qui nous empêchent d'être en harmonie avec soi. Ces liens peuvent être variés et correspondent à des croyances ou à des habitudes de pensée dont il nous faut faire le deuil. Il peut s'agir de comportement inadapté et que malgré tout, nous nous acharnons à reproduire. Parfois ce sont les épreuves elles-mêmes qui semblent nous tenir ligotés. Or, pour lâcher prise, il faut briser toutes ces attaches. Cela nécessite donc de les identifier pour rompre avec elles car elles nous maintiennent dans un stress permanent.

Comme l'humain n'aime pas le changement, il fait le nécessaire pour conserver ces liens alors qu'ils l'empêchent de vivre pleinement, alors qu'il est entravé. Or plus nous insistons pour les garder, plus ils nous aveuglent et nous éloignent de notre nature profonde.

Ils nous empêchent de vivre pleinement ce que nous sommes et d'être heureux.

Comme le dit Guy Finley, « *les liens qui nous retiennent sont des créations de notre esprit* », c'est-à-dire qu'ils n'existent que dans notre tête et ne sont pas réels. Nous les avons élaborés et entretenus alors faites le tri de vos actions pour refaire de la place dans votre vie à des choses qui sont vraiment vous.

Pour lâcher prise, il faut donc réussir à abandonner ces boulets et se débarrasser de leur poids, sans culpabiliser. Il faut donc connaître ce qui nous emprisonne mais comme on a intégré ces mauvaises habitudes dans notre mode de fonctionnement, il n'est pas aisé de s'en défaire. Le plus difficile est presque de se rendre compte qu'il s'agit d'habitudes bien ancrées !

EXERCICE

Lister les « je ne veux plus »

_____

_____

_____

_____

_____

_____

Pour en déduire ce que vous voulez
Je veux vraiment faire

_____

_____

Je veux vraiment apprendre

_____

_____

Je veux vraiment avoir

_____

_____

Je veux vraiment être

_____

_____

Lâcher prise, c'est aussi l'acception des situations et des gens : tout ce qui se réalise, tout ce qui existe a le droit d'être. Ne pas les accepter ne change rien puisque je n'ai pas la possibilité de les contrôler, même si j'essaie de résister. C'est ce que j'appelle faire le canard, c'est-à-dire que tout glisse sur moi comme l'eau glisse sur les plumes de canard sans me perturber et sans m'atteindre.

Attention, cela ne veut pas dire que je suis dans l'indifférence ni dans le déni de mes émotions ! Je peux et j'ai le droit me sentir frustrée, énervée, agacée, apeurée, triste mais j'accueille cela sans jugement, presque comme un observateur neutre. Je suis juste dans une acceptation totale de ce qui se produit dans ma vie en me demandant à chaque situation quel apprentissage je peux en tirer.

Cela me permet d'être sereine car je m'allège ainsi de nombreux poids inutiles

Accepter les situations, c'est accepter de laisser partir la peine, faire le deuil des événements tristes, impactants, douloureux et les reconnaître comme faisant partie du passé et donc de se repositionner dans le présent, d'oser se projeter dans le futur mais sans colère, ni frustration, ni envie de vengeance.

Vous réussirez ainsi à ne plus être en réaction vis-à-vis de toutes les circonstances malheureuses qui vous sont arrivées (et on en a tous, c'est la vie !). Vous ne serez plus en résistance. Cela ne vous empêche pas d'être triste, de ressentir de l'injustice... Vous en arriverez au point où vous êtes simplement dans une acceptation inconditionnelle de ce qui est.

Vous pouvez aussi faire tomber les tensions et les charges mentales qui encombrent votre esprit, en pratiquant, par exemple, la relaxation, la méditation, le yoga, le yoga du rire, en faisant de la sophrologie ou toute autre activité qui vous procure du plaisir et vous permet de pouvoir vous détendre en prenant du temps pour vous, en vous reconnectant à vous.

C'est une fausse impression que de croire que nos liens nous protègent. Ce sont de faux amis. Non seulement ils ne nous permettent pas d'avancer mais ils nous aveuglent également, jusqu'à cacher notre nature profonde. En effet, ces liens nous interdisent de vivre pleinement ce que nous sommes.

Pour parvenir à se détacher de certains liens si tenaces, il est nécessaire d'être guidé et épaulé. Car l'enjeu est important : parvenir à une certaine harmonie dans notre vie. Rester seul face à ce défi peut conduire rapidement à l'échec, puis au découragement. On risque alors d'être démissionnaire, de baisser les bras et de se retrouver dans l'excès inverse.

« On ne se blesse pas seul et on ne guérit pas seul ! »

Abandonner ses résistances

Certaines chaînes demanderont beaucoup d'efforts et de ténacité pour parvenir à être brisées. Souvent inconsciemment, nous insistons pour conserver ces liens. Par exemple, la honte est un lien récurrent. Il nous faut avant tout apprendre à le reconnaître, le comprendre, l'accepter pour pouvoir doucement s'en défaire.

Qu'est-ce qui nous oppresse ?

La société de consommation, la compétition, la performance… nous nous imposons des contraintes qui, pour beaucoup, viennent de l'extérieur sans que l'on en soit à l'origine. On remarque chez des personnes ne parvenant pas à lâcher-prise qu'elles ont souvent, dans leur schéma de vie, des exigences trop élevées.

L'acceptation de soi au final, est l'état de paix intérieure, indépendamment de qui nous sommes et de ce que nous sommes. C'est l'absence d'attentes démesurées et irréalistes envers soi-même. C'est aussi la faculté d'accueillir nos points d'amélioration et nos atouts pour s'apprécier tel que nous sommes. C'est donc la manifestation d'une tolérance envers soi.

On a l'impression de comprendre ce qu'est cette tolérance attendue puisque nous entendons toute la journée des injonctions sociétales nous demandant de faire preuve d'acceptation des différences : bienvenue à la diversité et à l'inclusivité dans la vie de tous les jours comme dans la vie professionnelle mais à y regarder de plus près, il ne s'agit que d'une acceptation superficielle et imposée par le politiquement correct. Pourquoi ? Parce que nous avons tous des biais cognitifs, des a priori, des stéréotypes qui nous dévient d'une pensée logique, rationnelle, objective et nous amènent à porter des jugements hâtifs. La société impose une culture d'acceptation mais il ne s'agit en aucun cas d'acceptation inconditionnelle.

Dans l'acceptation de soi, vous l'avez compris, il n'y a pas de JEU, il n'y a que du JE. C'est un mode de fonctionnement que l'on apprend à cultiver pour faire pousser en soi l'écoute, la compréhension, la bienveillance envers soi-même.

Par conséquent, soyons indulgents avec nous-mêmes, acceptons nos limites, ne soyons pas trop exigeants envers nous. Cela implique d'être réaliste mais avec notre propre personne et d'intégrer que l'on ne peut pas tout faire ! En reconnaissant nos propres limites, il devient alors bien plus facile d'accepter celles des autres.

La confiance en soi crée un cercle vertueux : avoir confiance en soi pour donner confiance aux autres et pouvoir leur faire confiance en retour. Les neurosciences nous informent que lorsque nous avons confiance c'est notre cortex préfrontal qui est activé : on perçoit la réalité plus clairement, on a une tendance à l'ouverture et à l'engagement, nous attendons le meilleur, nous confrontons les événements et disons la vérité. À l'inverse, lorsque nous devenons méfiants, c'est l'amygdale qui est activée : nous avons tendance alors à percevoir la réalité par le prisme de la peur. On se referme sur nous-même, nous nous attendons au pire, nous cachons nos opinions. La confiance en d'autres termes, change notre réalité sur nous-même et sur les autres et notre capacité de raisonnement et de décision.

Accueillir ses émotions

L'émotion est comme un tableau de bord, un indicateur de direction, une boussole... Chaque émotion est porteuse d'un signal pour agir.

Ce n'est pas le tout de comprendre ses émotions, il s'agit aussi de réussir à les exprimer, parce que mieux on les exprime, mieux on les comprend. Mieux je communique mes émotions et plus je peux me situer au cœur de celles-ci et mieux je peux les gérer.

C'est une réaction affective qui se manifeste par des mouvements neurovégétatifs comme pâlir, rougir, avoir le pouls qui s'accélère, avoir des palpitations, des tremblements, être abattu.

Les quatre émotions principales sont :
- → LA JOIE
- → LA COLÈRE
- → LA TRISTESSE
- → LA PEUR

On peut classer, de façon simplifiée, ces états internes en deux grandes catégories :

- Les états ressources : états les plus agréables, les plus appropriés pour vivre la situation donnée.
- Les états limitants : états vécus comme insatisfaisants ou douloureux, qui rétrécissent le champ des options envisageables dans une situation donnée.

La même émotion peut donc être ressource dans une situation donnée et limitante dans une autre.

Exemple : L'excitation est une ressource lorsque je reçois un cadeau, une limite lorsque je cherche le sommeil.

La conscience émotionnelle, selon Claude Steiner, signifie :

- → Savoir ce que nous ressentons.
- → Savoir ce que les autres ressentent.
- → Découvrir la cause de ces sentiments.
- → Connaître l'effet probable de ces sentiments sur les autres.

Ne prenez pas de décision majeure dans votre vie sous l'emprise d'une émotion forte, qu'elle soit négative ou positive !

L'émotion forte inhibe la raison, il est donc conseillé de prendre du recul.

Les émotions et la raison constituent un tout global qui appartient à notre identité. Nous sommes tous fait d'émotions et de raison, et nous passons de l'un à l'autre.

Les émotions sont le reflet de nos pensées ou plus exactement la conséquence de nos pensées : par exemple, lorsque nous pensons que nous allons tomber, nous ressentons de la peur et nos émotions nous transmettent des signaux si nous n'avons pas été assez vigilants.

Ainsi chaque émotion nous envoie des informations et nous permet de décrypter ce qui nous arrive. En l'occurrence, ce qui est important est d'identifier le message que notre ressenti nous adresse !

Il faut accueillir les émotions, comme de précieuses alliées car elles nous renseignent sur ce que nous pensons. Par conséquent, si l'on réussit à « dialoguer » avec elles, on parvient à modifier ses pensées et son état émotif.

Comment entamer ce dialogue ?

« Pausez-vous » pour clarifier ce qui se passe en vous en essayant de comprendre ce que vous ressentez vis-à-vis de la situation qui vous procure une émotion. Ensuite, examinez ce que vous voulez faire. Quelle réponse voulez-vous apportez dans ce dialogue ? Les émotions nous montrent où nous en sommes dans notre cheminement : lorsque nous sommes sereins, nos émotions le sont aussi !

Plus nous faisons attention à leur signification et plus nous comprenons qui nous sommes car les émotions nous éclairent sur nos valeurs profondes et nous indiquent si nous agissons en accord avec elles ou pas.

Nous gaspillons d'énormes quantités d'énergie émotionnelle à bloquer constamment l'expression de nos émotions, que ce soit passer sous silence un traumatisme honteux, cadenasser notre enthousiasme affectueux pour ne pas se ridiculiser, ou mettre les scellés sur un souvenir douloureux.

Laisser aller ces sentiments libère non seulement la puissance de ses émotions mais restitue aussi l'énergie perdue à les retenir. Laisser les autres exprimer leurs émotions nous rapproche d'eux et nous épargne frustration, douleur ou chagrin.

L'intelligence émotionnelle nous met en contact direct avec ce qu'il y a d'humain en nous et permet d'être à l'écoute de nos motivations profondes. Notre vie émotionnelle, consciente ou inconsciente, fait office de filtre entre l'extérieur et l'intérieur, elle dirige nos choix, peut altérer notre relation au réel et sa perception et entrainer nos succès comme nos défaites.

Accordez-vous donc le droit de ressentir des émotions : car tout ce que vous ressentez est juste, il s'agit d'une information à traiter. Autorisez-vous à vous « pauser » pour penser à ce que vous ressentez. Plus vos émotions sont conscientes, plus vous gagnez de liberté dans votre existence car museler son être intérieur, c'est renoncer à une part de soi et à une part de sa liberté !

Mais le déni des émotions a une fonction : protéger une personnalité construite sous la pression des circonstances, compromis patiemment élaboré pour unifier nos perceptions, émotions, pensées, comportements. Or, se soumettre, c'est se couper de sa puissance personnelle.

Comment gérer ses émotions ? Il s'agit de développer sa « conscience émotionnelle ». Voici deux propositions d'exercices :

EXERCICES

1. Passez en revue une par une chacune des émotions négatives parmi les quatre principales et répondez à ces questions :

De façon générale, quelles sont mes sources de peur/colère/tristesse ?

Quelles sont les situations qui génèrent en moi peur/colère/tristesse ?

Qu'est-ce que j'ai ressenti ?

Quel a été le résultat ?

Quelles sont mes croyances au sujet de ces trois émotions : peur/colère/tristesse ?

Quels sont les moments de peur/colère/tristesse que j'ai su surmonter dans ma vie ? Qu'est-ce que cela dit de moi ?

Quelle « permission » puis-je m'accorder par rapport à ces trois émotions ?

Par exemple : tu peux exister/tu peux avoir tes propres sensations, sentiments, émotions, ressentis/tu as le droit d'avoir peur/d'être en colère/de ressentir de la tristesse quand.... /tu peux prendre le temps d'écouter ce que te disent tes émotions/tu peux aller de l'avant et faire face à des situations nouvelles.... Choisissez une phrase qui fait écho en vous, pour vous, pour chacune des trois émotions !

Quelle intention ai-je envie de poser par rapport à ces trois émotions ? Quelle(s) action(s) vais-je mettre en œuvre pour que cette intention ne soit pas vaine ?

2. Exercice tiré notamment des enseignements des neurosciences :

Observer vos émotions négatives et où elles se situent physiquement dans votre corps : gorge serrée, bouche sèche, lourdeur dans la poitrine, muscles tendus, difficulté à respirer, crampes dans le ventre...

Puis, chargez-vous d'une intention consciente de vouloir changer cette émotion néfaste en émotion bienfaisante.

Pour cela certaines techniques de relaxation peuvent aider à amorcer le changement.

Entretenez un dialogue intérieur bienveillant pour vous remplir de pensées positives et d'émotions positives.

Pratiquez un ancrage de sécurité positive.

Lors d'un moment de calme, réfléchissez à une force que vous avez identifiée en vous et que vous aimez, qui vous est utile pour vous calmer : le courage, la bienveillance, l'optimisme, le pardon... Ressentez cette force en vous et attrapez votre poignet avec votre main opposée en ne pensant qu'à cette force et/ou répétant dix fois le nom de la force lentement, la laissant vraiment vous submerger et prendre le pas sur tout le reste.

Puis repensez à une situation qui vous a blessé ou énervé, ressentez l'émotion négative et attrapez votre poignet pour faire remonter la force.

Entrainez-vous plusieurs fois seul puis sur des petites situations d'agacement concrètes.

Le jour où vous vous retrouverez en situation d'urgence, faites appel à votre ancrage de sécurité positive en refaisant ce geste. La force prendra alors automatiquement le dessus sur les autres émotions.

Respirer profondément

La respiration profonde aide beaucoup à gérer son ressenti. Les endorphines, la dopamine et la sérotonine sont des hormones du bien-être diffusées après une séance de respiration.

Commencez une respiration profonde profondément par le ventre (c'est la respiration naturelle que l'on a lorsque l'on est bébé). Cela va masser vos organes de digestion et vous aider à « digérer » vos émotions négatives.

Premier exercice possible de respiration :

Suivez le cycle de respiration suivant :

- → Inspirez profondément pendant 3 secondes par le nez.
- → Bloquez la respiration pendant 1 seconde.
- → Expirez profondément par la bouche pendant 7 secondes.

Faites si possible au moins 10 cycles de respiration.

Deuxième exercice de respiration proposé : pratique de la cohérence cardiaque :

Installez-vous dans un endroit calme et centrez votre attention sur votre respiration. Comptez dans votre tête cinq secondes sur l'inspiration puis expirez cinq secondes. Une minute suffit pour ressentir des résultats et se sentir plus détendu. L'idéal est de pratiquer l'exercice en se souvenant de la méthode « 365 ». Elle propose une approche mnémotechnique simple : envisagez de prendre trois petits moments dans votre journée pour respirer à un rythme de six cycles par minute pendant cinq minutes. Un cycle signifie inspirer pendant 5 secondes et expirer pendant 5 secondes.

Vous pouvez vous guider mentalement ou avec une application en ligne. Que vous préfériez être assis ou debout (mais déconseillée en position allongée), c'est à vous de voir.

Une fois que vous êtes à l'aise avec l'exercice, vous pourriez même essayer cette respiration en marchant, transformant ainsi des moments d'attente ou de trajet en instants de bien-être.

La cohérence cardiaque est un petit geste accessible à tous, sans contraintes. Elle peut devenir une belle habitude pour favoriser une meilleure santé physique et mentale. Pensez à l'explorer à votre rythme et à voir comment elle pourrait s'intégrer à votre quotidien.

CE QUE JE RETIENS DE CE CHAPITRE COMME INGRÉDIENT ESSENTIEL POUR MOI :

_____

_____

_____

_____

_____

CONTE À MÉDITER

Il était une fois une femme nommée Ava. Elle avait grandi dans un petit village entouré de forêts épaisses et mystérieuses. Depuis sa plus tendre enfance, Ava avait senti un appel de la forêt, une force qui l'attirait vers les arbres anciens et les clairières secrètes. Mais elle avait appris à ignorer cette voix intérieure, à la considérer comme une simple fantaisie.

Un jour, alors qu'elle se promenait dans la forêt, Ava rencontra une vieille dame. La vieille dame était enveloppée d'un châle de laine épais et portait une bague en argent à son doigt. Ava se sentit immédiatement fascinée par la dame mystérieuse.

La vieille dame s'approcha d'Ava et lui sourit gentiment. « Bonjour, Ava », dit-elle. « Je suis ici pour te conduire vers un endroit que tu cherches depuis longtemps. »

Ava regarda la vieille dame avec étonnement. « Un endroit que je cherche ? » demanda-t-elle.

« Oui, un endroit que tu cherches », répondit la vieille dame. « Je vais te conduire vers une source secrète, une source qui peut te révéler ta véritable nature et te permettre d'accepter qui tu es vraiment. »

Ava se sentit intriguée par ces paroles. Elle suivit la vieille dame dans la forêt, marchant sur des sentiers cachés et des chemins oubliés. Elles arrivèrent enfin devant une clairière cachée, illuminée par la lumière dorée du soleil levant.

La vieille dame tendit la main vers Ava et lui dit : « Regarde dans l'eau de la source, Ava. Regarde profondément et tu verras ta véritable nature. »

Ava s'agenouilla au bord de la source et regarda dans l'eau cristalline. Elle vit son reflet mais il était différent de ce qu'elle avait vu auparavant. Elle vit une femme forte et courageuse, une femme qui avait surmonté de nombreuses épreuves et avait une beauté intérieure qui brillait comme un joyau précieux.

La vieille dame s'agenouilla à côté d'Ava et lui dit : « Tu es belle, Ava. Tu es belle à l'intérieur et à l'extérieur, avec toutes tes imperfections et toutes tes qualités. Tu as surmonté des défis difficiles mais tu as grandi en force et en sagesse. Tu es unique et spéciale, et il n'y a personne d'autre comme toi dans le monde entier. »

Ava comprit alors que l'acceptation de soi ne signifie pas de se conformer aux normes de la société mais plutôt d'embrasser sa propre nature et de s'aimer soi-même tel que l'on est, avec toutes ses imperfections et toutes ses qualités. Elle remercia la vieille dame pour l'avoir guidée vers cette source secrète et promit de se rappeler de sa véritable nature chaque fois qu'elle se sentirait perdue.

Et ainsi, Ava continua sa vie en paix avec elle-même, en sachant que sa véritable nature était sa plus grande force.

CE QUE JE RETIENS DE CE CONTE POUR MOI :

_____

_____

_____

_____

Comment pouvez-vous vous connecter à votre propre source secrète et découvrir votre véritable nature ?

_____

_____

Chapitre 3

Trouvez son Ikigaï

Le concept

L'Ikigaï est un concept qui nous vient tout droit du Japon et qui perdure depuis le XIVe siècle. On on entend beaucoup parler actuellement malheureusement de façon galvaudée. Dans nos sociétés occidentales, il a été réduit à un simple outil pour trouver sa voie professionnelle. Lier la carrière à l'Ikigaï est une idée réductrice, tout comme le diagramme de Venn (la fameuse rosace représentée ci-dessous) censé symboliser l'Ikigaï. En effet, l'Ikigaï est une philosophie de vie à part entière, ancrée dans la vie quotidienne qui certes peut être en lien avec le travail mais pas uniquement.

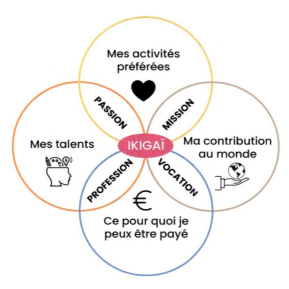

La définition de l'Ikigaï vient de *Iki* qui signifie « vivant » et *gaï* qui se rapporte à la raison d'être. La traduction littérale pourrait être « la raison de vivre » ou « ce qui donne un sens à la vie ».

Il est souvent traduit comme aller chercher l'énergie qui nous permet de nous lever le matin ou nous reconnecter avec le cœur de nous-même en étant aligné avec nos valeurs, nos fondements. On parle aussi « la raison d'être » ou du sel de la vie !

En japonais le terme « Ikigaï » s'utilise dans différents contextes et peut s'appliquer à des choses modestes de la vie aussi bien qu'à des grands objectifs et réussites.

Et ce qu'il faut retenir, c'est que l'Ikigaï est possible sans connaître forcément le succès dans sa vie professionnelle car il réside bien plus dans le royaume des petites choses : l'air du matin, le sourire de son enfant, un regard complice avec son chéri, le rayon de soleil du matin quand on sort de chez soi et que l'on sent cette chaleur sur la joue, le plaisir des yeux de passer devant une jolie devanture de fleuriste.

Sur l'île d'Okinawa au Japon, on recense la plus grande concentration de centenaires. Ils y vivent en bonne santé et avec le sourire !

Pour information : les quatre pays au monde où les gens vivent le plus longtemps sont les suivants :

1. Japon – Espérance de vie moyenne : 84,6 ans. Pourcentage de la population de plus de 65 ans : 28,1 %.
2. Suisse – Espérance de vie moyenne : 83,1 ans. Pourcentage de la population de plus de 65 ans : 18,1 %.
3. Singapour – Espérance de vie moyenne : 83,1 ans. Pourcentage de la population de plus de 65 ans : 15,9 %.
4. Australie – Espérance de vie moyenne : 83 ans. Pourcentage de la population de plus de 65 ans : 15,9 %.

(L'espérance de vie moyenne en France est de 82,7 ans et le pourcentage de la population de plus de 65 ans est de 19,5 %.)

Il est important de noter que cette longévité n'est pas seulement due à la génétique mais aussi à des facteurs tels que le mode de vie, l'accès aux soins de santé, l'éducation et l'environnement social.

Des études ont ainsi été menées pour comprendre la raison de cette longévité japonaise : leur bonne santé grâce à une alimentation saine, le fait qu'ils soient toujours actifs, même après un certain âge (activité physique et travail) et plus généralement grâce à leur manière de vivre.

En effet, l'Ikigaï est un style de vie et un mode de pensée consistant à considérer qu'on ne peut pas trouver pleinement l'épanouissement sans être aligné à ses actions au quotidien et sans en donner du sens.

L'Ikigaï, c'est donc bien plus qu'un outil.

Les Japonais n'ont pas besoin de le définir : pour eux, c'est plus un état d'être et une pratique intégrés depuis leur plus jeune âge. Il s'agit, aussi pour eux, d'une démarche très personnelle qui relève de l'intime. Il y a une sorte d'intériorité dans cette démarche.

Les Occidentaux sont plus dans l'extériorité et ont éprouvé le besoin d'inventer une méthode bien cartésienne. Mais ce n'est pas cela.

L'Ikigaï « à l'Occidentale »	L'Ikigaï original
Trop souvent associé à la carrière sans entrevoir les autres champs de la vie.	Concerne même la vie de tous les jours.
Forte dimension monétaire. J'ai même entendu sur YouTube : « l'Ikigaï, c'est le sens avec le pognon » ! Quelle horreur !	Pas de dimension monétaire.
Axé sur les comportements.	Axé sur les valeurs.
Définit un mode opératoire.	Correspond à un état d'être.
C'est une méthode.	C'est une philosophie.
Les points de rencontre entre les deux conceptions.	
Une nécessaire introspection et une connaissance de soi.	
La présence à soi et aux autres	
La joie de vivre au quotidien	

L'Ikigaï est comme une fleur. La fleur est souvent utilisée comme une métaphore de la vie dans la culture japonaise, car elle symbolise la beauté, l'épanouissement, l'éphémère et la fragilité. Telle une fleur qui s'épanouit en une beauté éphémère, notre vie est également une expression éphémère de la beauté de l'univers. De plus, la fleur peut être cultivée et entretenue avec soin, tout comme notre Ikigaï.

> *Telle une fleur délicate qui peut s'épanouir,*
> *Pour augmenter votre présence, votre conscience et votre vitalité,*
> *Et vous ouvrir à chaque instant de la vie avec équanimité.*
> *Apprécier les petits comme les grands moments de la vie,*
> *Tels des papillons qui viennent butiner la fleur,*
> *Leur offrant leur beauté éphémère, leur légèreté,*
> *Pour vous enrichir de leur présence, sans jamais les retenir.*
> *Savourer l'éphémère, l'impermanent et le transitoire,*
> *Comme le souffle du vent qui caresse la feuille,*
> *Les acceptant tels qu'ils sont, sans résistance ni peur,*
> *Pour mieux vous ouvrir à la vie, avec toute sa splendeur.*
> *Cultiver la joie de vivre, telle une abeille qui butine,*
> *En puisant dans le nectar de chaque instant,*
> *Pour vivre de manière simple, plus harmonieuse et plus épanouie,*
> *Et ainsi répandre le parfum de votre vie, en toute quiétude.*
> *Voilà la voie de l'Ikigaï,*
> *Un chemin personnel qui vous mènera à l'essentiel,*
> *Pour trouver votre propre sagesse, votre propre vérité,*
> *Et vivre en paix et en harmonie, dans l'unité de l'univers.*

L'intérêt de l'Ikigaï est de vous faire prendre conscience de ce que vous avez déjà en vous et d'accepter que vous avez déjà toutes ces ressources internes pour être en cohérence avec vous-même.

Trouver son Ikigaï permet donc de trouver son accomplissement, de développer son potentiel et d'enrichir sa propre vie. C'est trouver sa mission de vie, ce qui fait sens pour soi. C'est une manière de structurer sa pensée et l'orienter dans une direction qui nous amène à être plus conscient de nous-même.

Le concept d'Ikigaï a été popularisé par l'Américain Dan Buettner dans une des célèbres conférences TED Talk « Comment vivre jusqu'à 100 ans et plus » et le diagramme De Venn a été élaboré par le blogueur britannique Mark Winnn. Il est ensuite apparu en France et présenté comme étant LA méthode de référence pour trouver le métier qui donne du sens à notre vie.

Même si à l'origine, l'Ikigaï n'a pas pour vocation de trouver son métier idéal ou de réussir une reconversion professionnelle mais de donner du sens à sa vie, de trouver sa raison d'exister, il s'avère que ce concept répond également aux besoins d'une personne cherchant sa voie professionnelle.

Dans la philosophie Ikigaï, il y a aussi tout un mode de vie, trop souvent occulté quand les coachs non certifiés en la matière en parlent : manières de s'alimenter, d'être en relation avec les autres, de respecter le monde dans lequel nous vivons...

L'Ikigaï évolue avec le temps et n'est pas le même à 15 ans et à 70 ans. C'est pourquoi il est important de rester en harmonie avec son Ikigaï à chaque étape de sa vie. À défaut, nous aurons l'impression d'avoir dévié de notre chemin et d'avoir laissé des forces extérieures contrôler notre quotidien.

Alors, comment trouver le but de notre vie ?

On considère au sein de la culture japonaise que trouver le but de notre vie nécessite deux éléments indispensables. Il est nécessaire d'une part de mener à bien les activités qui font que vivre en vaille la peine. Ces dernières dépendront évidemment de chaque personne.

D'un autre côté, parvenir à une existence déterminée requiert un état d'esprit spécifique et une série de routines. C'est précisément ce que nous expliquent les « lois » de l'ikigai. Elles permettent de jeter les bases qui faciliteront la réussite d'une vie alignée.

Les dix lois de l'Ikigaï

En somme, il est essentiel, pour les Japonais, de suivre dix « lois » de l'Ikigaï pour bien vivre. Mais quels sont ces préceptes ? Comment s'appliquent-ils ? Voyons donc, ci-après, ce qu'il en est.

Restez actif physiquement et mentalement.

Nous aimons tous nous déconnecter après avoir travaillé ou étudié toute la journée. Il s'agit peut-être pour nous de nous allonger sur le canapé pour regarder des séries, surfer sur Internet ou même ingérer de la malbouffe ou boire plus d'alcool que nécessaire. Et je dis cela sans intention de nous culpabiliser. C'est juste une solution de facilité et de rapidité après la journée de travail !

Mais l'une des lois les plus importantes de l'Ikigaï consiste à toujours rester actif. Peu importe à quel point vous êtes fatigué, vous devez en effet prendre soin de la façon dont vous traitez votre enveloppe corporelle et votre esprit si vous voulez trouver votre but.

Il est donc essentiel pour y parvenir que vous développiez de saines habitudes. Manger sainement, faire du sport, apprendre de nouvelles choses sont des habitudes qui vous aideront à atteindre le but de votre vie.

Que mettez-vous en place ou qu'aimeriez-vous mettre en place pour rester actif physiquement ou mentalement ?

Je vous laisse répondre :

Quelles sont mes habitudes que je trouve saines ?

_____

_____

Si nécessaire, comment puis-je les renforcer ?

_____

Quelles sont celles que je ne trouve pas saines et que j'aimerais modifier ?

_____

_____

Quelle petite action pourrais-je faire pour diminuer au moins l'une d'entre elles ?

_____

_____

Faire et prendre les choses tranquillement.

La précipitation n'est pas une bonne conseillère et souvent elle peut nous amener à prendre des décisions erronées, trop hâtives. La vie acquiert en effet une saveur différente, un sens nouveau lorsque nous intégrons calme et sérénité dans notre quotidien.

Alors, essayons de prendre le temps, de ralentir, de faire un pas de côté. On s'arrête pour se « pauser » et se mettre comme un spectateur de notre vie. Cela permet de prendre du recul en se demandant si nos choix, nos actions, nos objectifs, notre vie actuelle sont bien les nôtres et non pas ceux que les autres souhaitent pour nous ni la projection de ceux que nous croyons que les autres souhaitent pour nous. Suis-je bien dans le « JE » et non dans le « JEU » ?

Cela veut dire que l'on se ménage des moments de détente, de décontraction, on s'autorise à déposer toute notre charge mentale et à lâcher-prise.

 UNE PETITE ASTUCE :

Notez sur votre agenda un rendez-vous avec la personne la plus importante au monde : VOUS.

Vous bloquez votre agenda pour les autres : au travail, pour votre famille, pour vos amis, n'est-ce pas ? Alors pourquoi pas pour vous ?

Et si c'est vraiment difficile au début, commencez par noter un rendez-vous hebdomadaire de 15/20 minutes avant que, convaincu du bénéfice, vous arriviez à ce que cela devienne une routine quotidienne.

Je coachais récemment une dirigeante, mère de trois enfants. Elle m'expliquait qu'il est impossible pour elle de se consacrer du temps. Elle me raconte alors qu'elle se lève déjà tous les matins de la semaine, entre 5 h 45 et 6 h pour boire son café tranquillement avant que toute la petite famille (mari et enfants) ne commence à se réveiller, à partir de 6 h 20/6 h 30. Je lui fais donc observer que tous les jours, elle réussit à s'accorder entre 20 et 35 minutes. Mais, comme elle agit en mode pilotage automatique, sans vivre ce moment où elle est seule, en pleine conscience, elle ne se rend pas compte que c'est un rendez-vous avec elle-même qu'elle s'accorde quotidiennement.

Indépendamment du temps que vous allez réussir à dégager pour vous, il faut en profiter pleinement et le vivre en pleine conscience.

Cette dirigeante n'avait pas besoin de modifier son rythme de vie et sa routine du café, seule, le matin mais devait seulement considérer ce moment comme important pour elle et par exemple, le ressentir avec ses cinq sens et le vivre comme un moment de plaisir : bruit du café qui coule dans la tasse, odeur qui embaume la cuisine et qui chatouille les narines, chaleur dans la main de la tasse, goût et chaleur dans la bouche au moment de l'ingestion, pensées, émotions et intuitions qui lui viennent à l'esprit pendant ce rendez-vous avec elle-même..

Ne pas manger à satiété.

Il s'agit de ne pas manger pour se remplir et combler un vide émotionnel, affectif : ingérer des sucreries après une rupture sentimentale, engloutir de la nourriture pendant des moments de tension, dépasser les quantités suffisantes et nécessaires pour notre corps, etc. sont des comportements qui soulagent à très court terme mais qui génèrent frustration et culpabilité tout de suite après.

Manger devient alors une traduction de la façon dont nous vivons les situations, dont nous accueillons les aléas de la vie, dont nous nous considérons et de la manière dont nous gérons nos émotions.

Mais ces exemples d'ingestion compulsive (et il y en a plein d'autres) ne sont que la souris qui cache un éléphant. C'est d'ailleurs la raison pour laquelle les régimes ne fonctionnent pas parce que la nourriture et le poids ne sont que les symptômes, pas le problème.

Il est donc préférable de se contenter de manger moins et de meilleure qualité car ce que nous ingérons influence notre mental et a bien évidemment un impact sur notre corps et notre santé.

L'idée est de manger jusqu'à ce que l'on soit rassasié à 80 %. C'est ce qu'on appelle au Japon la pratique du « hara hachi bu ». On apprend à s'arrêter de manger bien avant d'être obligé de dégrafer le bouton de son jean.

Trop difficile pour vous ? Cela ne se fera pas en un jour car il va falloir « déprogrammer » votre cerveau de ce mode alimentaire 100 %, 110 % voire 120 % pour atteindre les 80 %.

Je vous propose quatre petits conseils pour y arriver :

1. Manger vraiment lentement et en pleine conscience (pas devant un écran) car il faut 15/20 minutes environ pour que le message de satiété arrive au cerveau

2. Manger dans des petites assiettes pour se donner l'impression d'avoir une plus grosse portion de nourriture

3. S'arrêter aux trois-quarts de son assiette et ressentir notre état de satiété : posez vos couverts et demandez-vous si vous avez encore faim. Il faut aussi se dire que ce qui complexifie le changement d'habitude est le conditionnement que l'on a depuis notre enfance où l'on a appris à toujours finir son assiette. La récompense était souvent le dessert, alors que déjà on n'avait peut-être plus faim à la moitié de l'assiette. Les habitants d'Okinawa consomment en

moyenne 1800 calories par jour, contre 2300 pour un Français et 2500 pour un Américain.

4. Privilégier les aliments riches en nutriments et pauvres en calories. Évitez les graisses saturées et le sucre raffiné et réduisez votre consommation de viande rouge au profit de la viande blanche, du poisson (surtout celui qui est gras et riche en oméga 3) et uniquement trois fois par semaine. Pensez à manger des céréales complètes et de végétaux (et si possible de saison) : chou, patate douce, brocoli, courgette, carotte, navet, champignon, mâche, épinards. des algues (la spiruline, par exemple), des herbes et des épices : basilic, ciboulette, coriandre, fenouil, curcuma, gingembre pour égayer vos plats et saler moins. Enfin, buvez peu d'alcool, beaucoup d'eau (plate ou gazeuse ou des infusions) et du thé vert, qui peut d'ailleurs être utilisé aussi pour la cuisine.

Entourez-vous de bons amis.

Les personnes qui nous entourent sont essentielles pour ressentir ce sentiment de bien-être et de plénitude que nous désirons tant : avoir une conversation intéressante, partager des moments sympathiques de joie et de rigolade, boire un café en bonne compagnie, s'amuser… Tout cela contribue à se sentir vivant et à vivre plus intensément.

Mais cela induit aussi de savoir se débarrasser des personnes toxiques. Pourquoi ? Parce qu'elles vous épuisent et nuisent à votre santé.

Comment définir une personne toxique ? En sa présence, vous vous sentez nul, inférieur, dévalorisé, évalué. Elle porte sur vous un regard non bienveillant et contrôlant. Ce sont des personnes qui profitent de vous ou qui vous manipulent dans leurs propres intérêts, sans penser aux vôtres.

La solution est radicale mais nécessaire : séparez-vous de toutes ces personnes qui grignotent votre capital énergie et joie.

Certes, c'est une démarche qui peut être difficile et anxiogène : d'une part, parce qu'il faut identifier que cette personne est toxique. Parfois on ne s'en rend pas compte. Souvent l'entourage nous le fait comprendre mais on refuse de l'entendre. Pour des raisons de confort ou de dépendance, on préfèrera rester dans le déni de la toxicité de la relation. D'autre part, il faut rompre avec la personne toxique et enfin, entamer le deuil de cette relation, démarche très difficile mais assurément, vous n'en serez que gagnant !

Soyez en forme pour votre prochain anniversaire.

La santé physique est essentielle pour jouir d'une bonne santé émotionnelle. De plus, faire de l'exercice nous amène à sécréter des hormones qui contribuent au bonheur.

Il n'est pas nécessaire d'aller courir 1 h tous les soirs si ce n'est pas dans vos envies ni dans vos habitudes ni dans vos capacités physiques. Cela peut être une petite routine d'étirement 10 minutes tous les jours chez soi le matin pour réveiller le corps ou le soir pour le détendre. Cela peut être d'aller marcher 10/15 minutes pendant votre pause déjeuner ou de descendre une station avant votre arrêt habituel de bus ou de tramway pour marcher un peu.
À vous de trouver ce qui vous convient !

Je m'engage pendant un mois à *(indiquez une routine à faire au moins 2 ou 3 fois par semaine avant qu'elle ne devienne quotidienne)*

_____

_____

Souriez.

Une attitude agréable envers soi-même et envers les autres contribue au maintien des relations mais participe aussi au calme intérieur.

Sourire a un impact positif sur nous et sur les autres et vous fera voir la vie en un peu plus rose.

Sourire est une aptitude et une attitude aux multiples bénéfices tant sur notre santé que sur notre bien-être, pour attaquer la journée du bon pied, pour gérer son stress, pour rayonner de bonheur.

En souriant, nous libérons de l'endorphine, appelée également « hormone du bonheur », dont les vertus antistress sont reconnues. Par ailleurs, lorsque nous rions, nous réduisons la libération de cortisol, l'hormone du stress et le cerveau libère alors de la dopamine, une substance associée aux émotions positives. Enfin, sourire booste notre système immunitaire car ce geste anodin nous permet de réoxygéner plus rapidement nos cellules et active ainsi la circulation pour stimuler notre système immunitaire.

Comment faire ?

Vous pouvez vous entrainer à vous sourire, en vous regardant dans le miroir (allez soyons fous et on rajoute un petit « je t'aime » ou « je suis fier de toi » en se regardant droit dans les yeux, pour faire d'une pierre deux coups). C'est un exercice extrêmement difficile : au démarrage de cet exercice, on se trouve souvent ridicule alors le sourire sera pincé puis au fur et à mesure, il sera de plus en plus expressif et authentique.

Vous ne réussissez pas à vous sourire ? Alors, identifiez vos déclencheurs de sourire : des moments heureux de la vie, des personnes réconfortantes, une musique qui vous rende « Happy », un sketch qui vous fait rire, une citation qui vous fait vraiment pouffer de rire, une photo qui vous rappelle un moment de franche rigolade, un message drôle qu'un proche vous a laissé sur votre portable et que vous avez sauvegardé pour le ré-écouter... et regardez-vous sourire.

Vous doutez ? Essayez ! Qu'avez-vous à perdre ?

Petite précision, on se regarde avec bienveillance : cet exercice n'est pas du tout le moment de se dire : « ah mais là tu as un bouton et trois rides et quatre ridules ! » ou « tiens, je n'avais pas remarqué ces nouveaux cheveux blancs ! ».

Se reconnecter à la nature.

L'Ikigaï aide à révéler votre vraie nature mais invite aussi à ne pas oublier celle qui nous entoure.

Charger les batteries de l'âme au contact de la nature nous donne un sentiment de liberté et revitalise notre énergie. C'est un moment de grande quiétude et une opportunité pour se reconnecter à soi.

Par exemple, inscrivez-vous à un club de randonnées, jardinez (même sur votre balcon) ou expérimentez les bains de forêt, appelés au Japon, le Shinrin-Yoku. Il s'agit de marches en silence à travers de vieilles forêts, généralement accompagnées d'exercices de respiration et de relaxation.

Également connue sous le nom de sylvothérapie, c'est devenu une thérapie qui est pratiquée dans le but d'améliorer la santé, le bien-être et la félicité de ceux qui la pratiquent. Elle s'inspire des pratiques bouddhistes ancestrales et du shintoïsme, une religion originaire du Japon qui vénère les esprits de la nature. Le concept Shinrin-Yoku a commencé à être utilisé dans les années 1980. L'Agence japonaise des Forêts a promu les promenades dans ses forêts comme moyen de lutter contre le stress au travail. Cela fait actuellement partie d'un programme national de santé japonais.

L'idée est d'aller se promener en silence dans la forêt, en étant en pleine conscience du moment présent c'est-à-dire être attentif aux odeurs, aux couleurs, aux sons du vent et des oiseaux, activer le sens du toucher en frôlant les troncs d'arbres ou la mousse, décrypter les odeurs...

Montrer de la gratitude et de la bienveillance et savoir remercier.

Plusieurs études attestent des effets positifs de la gratitude. Elle permet d'améliorer son bien-être, sa santé et ses relations.

Auteur et chercheur en psychologie positive, le Dr Robert Emmons a constaté que les personnes qui voient la vie comme un don et développent consciemment une « attitude de gratitude » parviennent ainsi mieux à accueillir les difficultés rencontrées sur leur chemin de vie.

De surcroît, la gratitude aurait les vertus suivantes :
- Stimuler le système immunitaire.
- Améliorer le sommeil.
- Réduire la tension artérielle.
- Rendre plus positif.
- Faciliter les interactions avec d'autres donc aide à se sentir moins seul.
- Se montrer plus généreux.

Ainsi, quand on maintient cet état d'esprit de reconnaissance par rapport à ce que l'on vit, on devient alors plus attentif à ce qui nous entoure, aux situations, aux personnes. On constate ainsi une vitalité qui est autour de nous et qui nous échape complètement quand on est en mode pilote automatique. On réussit donc à s'ancrer dans l'ici et maintenant ce qui permet d'apprécier et se reconnecter à des choses qui nous nourrissent. Il n'est pas nécessaire de penser à des grands changements mais juste d'apporter un peu plus de présence dans son quotidien pour s'apercevoir que le présent est un cadeau (c'est pour cela qu'ils sont synonymes). Or quand on vous offre un cadeau, on dit... **MERCI**.

Par ailleurs, la gratitude est l'un des principes majeurs de la loi de l'attraction.

Elle constitue un sujet fondamental dans le développement personnel.

Elle part du principe que tout ce qui nous arrive, que ce soit des événements positifs ou négatifs, ont été attirés par nous-mêmes comme si l'esprit humain était une sorte d'« aimant à événements ». Nous devenons et attirons ce à quoi nous pensons le plus d'où découle l'intérêt de cultiver la pensée positive pour attirer des résultats positifs dans sa vie. Certes, ce n'est pas la « pensée positive » en tant que telle qui va apporter guérison, abondance ou le partenaire amoureux que l'on recherche mais il est nécessaire de penser positivement pour accéder et permettre aux événements de se produire.

Le livre *La loi d'attraction* d'Esther et Jerry Hicks explique comment tout ce qui survient dans notre existence, que nous l'ayons consciemment voulu ou non, est provoqué par cette loi parmi les plus puissantes de l'univers.

Grâce à la gratitude, on se sent plus positif pour attirer en retour de nouvelles choses positives.

C'est comme un cercle vertueux : quand on se rend compte de tout ce que l'on a, on donne plus, ainsi on reçoit plus.

Exprimer sa gratitude est donc simple à mettre en place : on n'a rien à faire si ce n'est observer et prendre conscience de ce que l'on reçoit. Même dans une journée ordinaire, il y a toujours au moins un moment de joie ou de beau si l'on y prête attention et on peut même activement rechercher ce moment en rebalayant sa journée en fin de journée (interactions, expériences, événements).

Cependant, *simple* ne veut pas dire *facile*.

Au début, vous trouverez ça peut-être un peu nigaud que d'exprimer sa gratitude voire les personnes qui en seront destinataires ne comprendront pas. Mais ancrez cette habitude bénéfique pour vous émerveiller des petits et grands bonheurs du quotidien. Vous pouvez commencer par de toutes petites choses : remercier d'avoir un toit sur sa tête, de manger à sa faim, d'avoir des êtres à chérir et qui vous chérissent, à voir la beauté de ce qui vous entoure..

Vous pouvez aussi vous exercer à noter régulièrement dans un cahier de gratitude (c'est un cahier, à la base vierge, sur lequel vous allez consigner par écrit tous vos remerciements), les joies et les émerveillements de votre journée ou de votre semaine.

Pour ma part, ma fille a souhaité que juste avant le dîner, nous fassions un bénédicité laïque pour remercier d'au moins une chose de la journée écoulée. Je ne peux que valider de telles pratiques. Je me surprends aussi parfois à remercier parce que le matin au réveil, il y a du soleil, ou parce que j'ai trouvé une place de parking rapidement, m'évitant ainsi un énervement stérile... Je redeviens aussi comme une petite fille émerveillée devant un arc-en-ciel ou devant la beauté de la mer et je me remercie d'avoir su capter cet instant magique. Vous allez être étonné mais, lors d'un moment difficile, il m'arrive de remercier ma famille officielle de ce passé « particulier » que j'ai subi car il m'a rendue forte, solide, capable de faire face aux événements et tellement différente des autres. Cette unicité est particulièrement visible dans ma posture de coach mais aussi dans mon rôle de mère.

À votre tour maintenant ! Réfléchissez et écrivez à qui ou à quoi vous aimeriez dire merci ?

MERCI à

_____

_____

Vivre l'instant présent et cultiver la pleine conscience :

Seul le présent compte. Pourquoi ? Lorsque nous réfléchissons à un événement déjà passé, nous avons terminé de le vivre, il n'est donc plus là alors pourquoi ressasser des choses qui n'ont plus cours ? De même, lorsque nous imaginons l'avenir, nous allons émettre des hypothèses toutes incertaines puisque jusqu'à preuve du contraire, nous ne savons pas encore lire dans l'avenir.

Tout ce que nous avons, c'est le présent, ici et maintenant. Par conséquent, d'une part, cessons de faire des projections sur un avenir que l'on ne maîtrise pas et qui génèrent des peurs quant au futur et d'autre part, libérons-nous de la geôle du passé pour augmenter notre source de bonheur et nous alléger.

Vivre le moment présent, c'est donc être dans un état de présence intense, sans qu'aucune pensée du passé ou projection vers l'avenir n'occupe notre territoire mental. Ce n'est pas manquer d'ambition mais savoir profiter de la vie pour faire de chaque instant un bien précieux.

Nous sommes alors dans un état de vigilance à soi, plus conscients de notre intériorité. Cette attitude exige des efforts car elle n'est pas spontanée. Mais plus vous y parviendrez, plus vous acquerrez la faculté de concentration pour être là, simplement.

C'est une vraie question d'attention à soi mais aussi d'intention d'être présent. On pourrait résumer cette posture de la façon suivante : **avoir l'intention de l'attention et avoir l'attention de l'intention**.

Je vous invite à relire cette petite maxime plusieurs fois pour identifier comment elle résonne en vous. Elle illustre bien l'exemple de la dirigeante et du café cité précédemment

Donc vivre le moment présent ne peut être décorrélé du concept de pleine conscience, initié par John Kabat-Zinn, neurologue américain. Il décrit le processus comme le fait de porter toute son attention sur l'expérience directe, personnelle et qui se déploie dans le moment présent, sans jugement.

Plusieurs recherches ont permis de détailler les composantes de la pleine conscience : l'acceptation de ce qui est, la présence à l'instant présent sans a priori, la curiosité, la confiance en soi, en ses capacités, le non-jugement ni sur soi ni sur l'autre ni sur ce qui se passe, la patience et le calme intérieur, le lâcher-prise. On tend à s'éloigner des réflexes occidentaux de contrôle et de perfectionnisme et on opte pour le fait de n'agir qu'après avoir bien observé et analyser tous les contours d'une situation.

S'initier à la pleine conscience : c'est une formidable opportunité pour se recentrer sur l'essentiel c'est-à-dire VOUS !

Cette pratique n'est pas réservée ni à des grands maîtres yogi ni aux seules séances de méditation mais à parsemer tout au long de la journée.

Essayez d'accomplir vos gestes du quotidien en y portant, de façon volontaire, une attention réelle, consciente et sans jugement.

On peut résumer la pleine conscience de la façon suivante : agir en ayant l'intention d'être attentif tout en étant attentif à son intention.

Cela peut commencer par deux choses simples :

1. S'entrainer à attraper toutes les occasions de la journée pour vivre le moment présent.
2. Se recentrer sur soi, ses envies, ses besoins, ses ressentis.

Un exemple tout simple : tous les matins, entrainez-vous à prendre une douche en pleine conscience en essayant d'activer vos cinq sens : l'odeur du savon, la température de l'eau, la consistance au toucher du savon ou de la mousse sur votre corps, le bruit de l'eau...

Vous pouvez faire de même à chaque fois que vous vous lavez les mains, quand vous mangez, quand vous marchez dans la rue.

Vous pouvez essayer aussi le body scan : ce balayage corporel mental est un des exercices de méditation les plus utilisés et les plus accessibles.

Pratiqué allongé et yeux fermés, il consiste à poser son attention sur son corps : d'abord tout entier, puis en se concentrant successivement sur chaque partie, sans analyser, sans porter de jugement, en restant simplement à l'écoute de ses sensations.

Cet exercice à pratiquer régulièrement présente de nombreux bienfaits sur le corps et le mental : stress, tensions et anxiété diminués et capacités de concentration et d'agir sur la maîtrise des émotions renforcées.

En résumé, vivre le moment présent implique de se libérer de certaines de nos résistances car c'est un choix délibéré et assumé que de décider de déguster le moment présent pour se situer dans la vie réelle, être attentif à soi, aux autres et au monde et prendre pleinement conscience de l'essentiel.

Trouvez votre passion pour suivre votre Ikigaï.

Il faut essayer de vivre une vie en possédant un but et sans se détourner de son propre chemin et de ce que nous voulons vraiment faire.

Pourtant suite aux diverses pressions dues par exemple à notre éducation, notre culture, notre religion, aux chemins de vie que l'on emprunte plus ou moins consciemment, il n'est pas toujours facile de trouver notre passion, ni de la poursuivre.

Nous ne sommes insuffisamment connectés à notre identité profonde et préférons nous cantonner à la personne construite par l'accumulation des différentes influences subies tout au long de notre vie et provenant de notre écosystème.

Trouver son Ikigaï, c'est oser sortir du moule, interroger sa zone de confort, ne pas se limiter à notre besoin d'être aimé et reconnu pour retrouver son élan vital originel qui fait de nous un être original.

Les 10 lois de l'Ikigaï, un état d'esprit au quotidien

Nombreuses sont les pressions pour que nous abandonnions nos rêves. Nous entendons souvent de la part de nos proches des phrases du type « mais sois réaliste un peu ! ».

Dès l'enfance, nous connaissons déjà la route à suivre : étudier quelque chose pour s'ouvrir si possible le maximum de débouchés professionnels, trouver un emploi sûr et économiser pour pouvoir partir en vacances trois semaines par an, fonder une famille (avec 1,87 enfant en moyenne par femme), avoir une maison et un chien. Certes c'est une description un peu stéréotypée mais vous voyez l'idée.

Mais alors que fait-on si on ne veut pas suivre ce chemin ? Comment font les non-conformistes, les artistes en tout genre, les zèbres, les personnes qui souhaitent vivre en voyageant, les entrepreneurs qui veulent laisser leur empreinte ? Tous se sentiraient très contraints s'ils devaient vivre une telle vie. Pourtant, souvent, ils rentrent dans le moule et se conforment. Je trouve cela triste car au final, ils sont malheureux. Parfois ils se « rebellent » pour trouver leur voie. Trop souvent, ils s'éteignent.

Heureusement, de plus en plus de personnes osent sortir de ce qui est établi pour suivre leur propre chemin.

Avant, nous avions un mode de vie où le travail occupait une place prépondérante et pour être épanoui, il fallait être un bon consommateur. On était dans un rythme métro/boulot/conso/dodo comme si l'avoir allait apporter un certain bonheur. Or nous sommes des êtres humains et non des avoirs humains. Alors, essayons de nous repositionner dans l'être et non dans l'avoir.

La quête de sens

Depuis la crise sanitaire, on se rend compte que les choix et nos priorités changent, notre relation au travail évolue et donc notre relation à notre vie également. Certes le travail va rester prédominant dans nos vies car il faut bien manger, payer son loyer ou son crédit, faire vivre sa famille. mais la façon de vivre sa vie interroge et les gens sont plus enclins à réaliser des introspections et à prendre du recul sur leur quotidien pour l'améliorer et être moins en mode automatique. Et c'est là qu'intervient la question du sens et de l'utilité, de l'impact que l'on peut avoir dans son propre écosystème.

Alors pourquoi cette quête de sens et pourquoi maintenant ? Pourquoi nos parents, grands-parents et arrière-grands-parents étaient moins dans cette quête ?

C'est vrai que les périodes de confinement et de télétravail imposé, la crise sanitaire anxiogène et qui a rappelé à certains si cela était nécessaire le caractère éphémère de la vie ont créé une aspiration massive à donner du sens à ce que nous vivons. C'est comme un rappel que la vie est fragile mais aussi précieuse.

Ainsi désormais nous sommes nombreux à vouloir comprendre le contenu et l'utilité sociétale de notre emploi mais aussi de façon plus générale à vouloir vivre l'instant présent.

Une enquête IPSOS « Les Échos » de juin 2020 montrait que le niveau d'attente des collaborateurs, en la matière, est très élevé.

Ainsi, 90 % des salariés jugent essentiel ou important que leur entreprise « donne un sens à leur travail » et 85 % estiment essentiel ou important qu'elle leur permette « de se sentir utiles aux autres ».

Cette quête de sens monte en puissance depuis une dizaine d'années chez les salariés et la crise sanitaire me semble avoir accéléré la tendance.

Cette recherche de sens prétend être un rempart contre le stress et un des remèdes aux maux du travail qui se développent : burn-out, bore-out et brown-out. Est-ce un signal d'alerte face à un modèle de société qui aurait abusivement sacralisé le travail ?

Je ne saurais pas répondre mais quand on y regarde de plus près, cela ne date pas d'aujourd'hui.

On parle souvent de jeunes générations qui impulsent cette quête de sens et qui sembleraient moins engagées vers le travail alors qu'avant, on entrait dans une entreprise et on grimpait les échelons pour faire carrière. Sur ce point-là, il est indéniable qu'il y a des changements avec plusieurs vies professionnelles à vivre désormais.

Mais déjà quand, en mai 1968, les jeunes scandaient qu'il faut « cesser de perdre sa vie à la gagner », on pouvait y voir la première expression d'une quête de sens des jeunes générations de l'époque, contestant la société de consommation et le monde du travail qui les attendaient. Et ces jeunes de mai 1968 sont les grands-parents des jeunes générations qui arrivent ou qui sont déjà sur le marché du travail.

Avec cette crise brutale et inédite de la COVID, on se demande comment on va remettre du sens dans tout ce que l'on vit aujourd'hui. Par exemple, j'accompagnais déjà beaucoup de demandes de reconversion professionnelle ou de bilans de compétences mais depuis mai/juin 2020, après un temps de sidération nécessaire, j'en accompagne désormais plus du double, par besoin de changer, d'être plus dans l'humain, d'être plus dans l'être. Je remarque aussi que cela touche toutes les générations.

Néanmoins, on ne peut pas nier que les jeunes générations sont vraiment attachées à cette quête de sens. De plus en plus les jeunes diplômés d'école de commerce ou de grandes écoles vont s'orienter non pas vers des grosses entreprises, des grands cabinets mais plutôt vers l'économie sociale et solidaire, vers des petites entreprises ou des métiers qui donnent du sens et qui procurent une réelle reconnaissance par rapport à ce qu'ils font. Ce choix se fait parfois au détriment de la rémunération c'est-à-dire qu'ils sont prêts à accepter d'être payés moins à condition de pouvoir donner du sens à leurs actions.

Mais d'ailleurs, que met-on derrière cette notion de sens ? Si je vous interrogeais, je suis sûre qu'il y aurait autant de réponses que de lecteurs.

Posez-vous la question : pour moi, c'est quoi une vie qui a du sens ? Et écrivez la réponse.

Avoir du sens dans ma vie personnelle pour moi, c'est

Avoir du sens dans ma vie professionnelle pour moi, c'est

_____

_____

Avoir du sens dans ma vie pour moi, c'est

_____

_____

Les réponses les plus fréquentes à cette question sont les suivantes : respect des valeurs, utilité de mes missions, éthique, comprendre les tâches que je dois accomplir ou contribuer à quelque chose de plus grand que soi.

Au final, le travail a le sens que chacun lui donne mais ce qui est certain, c'est que l'arrivée de la notion d'Ikigaï dans nos pays occidentaux répond à cette quête.

Je pense que ce comportement de quête de sens va s'étendre de plus en plus et notamment avec ce que nous vivons depuis 2020 qui a suscité des prises de conscience. On l'a déjà vu avec les départs massifs de Parisiens vers la province. On le voit aussi avec le phénomène de grande démission.

Chacun a envie de se projeter dans l'utopie d'un monde meilleur, après le temps de sidération de ce que nous avons vécu, où le personnel hospitalier serait enfin augmenté, où les commerces de proximité et le commerce local seraient privilégiés, où les éboueurs et les caissières seraient respectés.

La réalité de nos actions, je le crains, restera majoritairement égocentrée. Mais même si elle n'est qu'individuelle, la quête de sens reste bien présente ainsi que l'envie de (re) devenir acteur de sa vie.

RÉPONDEZ À CE PETIT AUTODIAGNOSTIC :

- Ressentez-vous comme une boule au ventre en allant le matin au travail ou en vous connectant pour commencer votre journée de télétravail ?
- Avez-vous l'impression de ne plus supporter vos collègues, votre supérieur hiérarchique ?
- Avez-vous le ressenti de dire oui à tous sans que personne ne vous dise oui à vous ?
- Avez-vous le sentiment que vos besoins ne sont pas satisfaits ?
- Vous mettre en action, en dynamique, est-ce difficile pour vous ?
- Vous sentez-vous en permanence fatigué ? Stressé ? Surchargé ? Dépassé ? Lourd d'une charge invisible ?
- Vous sentez-vous spectateur de votre vie plutôt qu'acteur ?
- La routine métro/boulot/dodo vous ronge-t-elle ?
- Avez-vous la sensation d'avoir perdu votre joie de vivre sans savoir comment faire pour la retrouver ?
- Des émotions négatives vous envahissent-elles (peur, colère, tristesse), de façon lancinante ?
- Parfois, rêvez-vous de tout plaquer et d'avoir enfin le droit de faire ce que vous avez réellement envie de faire ?
- Avez-vous l'impression de jouer un rôle et de ne pas être vraiment vous-même ?
- Ressentez-vous comme un élan naturel à être enfin aligné, à redonner du sens à votre vie ?
- Ressentez-vous comme une sensation d'aller droit dans le mur sans pouvoir rien y faire ? D'avancer dans un tunnel sans en voir le bout ?

Vous avez répondu OUI à au moins l'une de ces questions alors il est temps d'utiliser la méthode T.A.T.I.N.

Les cinq plus grands regrets des personnes en fin de vie

Connaissez-vous le livre de Bronnie Ware, infirmière australienne qui a passé de nombreuses années dans les services de soins palliatifs ? Il s'intitule *The top five regrets of the dying*, les cinq regrets principaux des gens en fin de vie. Certes, il est un peu ancien, il date de 2013. Néanmoins, il reste riche d'enseignements et tellement d'actualité, en cette période que nous vivons.

Alors à votre avis, quels sont les cinq plus grands regrets des personnes en fin de vie ?

Voici les réponses :

1. J'aurais aimé avoir eu le courage de vivre la vie que je voulais vraiment, pas celle que les autres attendaient de moi.
2. J'aurais dû travailler moins.
3. J'aurais aimé avoir le courage d'exprimer mes sentiments.
4. J'aurais aimé garder le contact avec mes amis.
5. J'aurais aimé m'accorder un peu plus de bonheur.

Alors allez-vous attendre d'être à l'automne de votre vie pour arrêter de nier votre identité profonde et remettre de l'authenticité et de la joie dans votre vie ? NON, je ne l'espère pas !

Mais peut-être vous sentez-vous démuni pour y arriver, dépourvu de moyens et d'outils, en manque de motivation, en manque de confiance, peur de sortir de votre zone de confort, embourbé dans un syndrome de l'imposteur ? Peur du regard des autres ? Au final, la méthode T.A.T.I.N vous aidera à sortir de ces carcans et l'Ikigaï permettra, que vous soyez junior, quarantenaire ou débutant votre retraite, de redonner du sens à sa vie, que cette quête soit à titre personnel ou professionnel.

À y regarder de plus près, cette dichotomie entre la quête de sens professionnelle et la quête de sens personnelle est comme artificielle. Elle est basée sur une fausse frontière entre travail et vie personnelle.

Nous passons une grande partie de notre vie au travail, et nos activités professionnelles peuvent avoir une grande influence sur notre bien-être, notre épanouissement et notre développement personnel. Il est donc essentiel que notre travail soit en harmonie avec nos valeurs, nos intérêts et notre sens de la vie.

De même, notre vie personnelle peut également influencer notre travail, en nous aidant à trouver du sens et de la motivation dans celui-ci, en nous apportant des compétences et des expériences utiles pour notre travail, et en nous permettant de trouver un équilibre et une harmonie entre nos différents

En fin de compte, la quête de sens est une quête universelle qui concerne l'ensemble de notre vie, que ce soit dans notre vie professionnelle ou personnelle. C'est pourquoi il est important de rechercher le sens et la satisfaction dans tous les aspects de notre vie, en reconnaissant que notre travail et notre vie personnelle sont tous deux des domaines essentiels de notre existence.

Réaliser ses rêves est aujourd'hui, au XXIe siècle, plus facile que jamais avec tous les accès aux informations dont nous disposons.

Les obstacles majeurs sont intrinsèques : la peur, le doute et le manque de confiance en soi. Mais nous rencontrerons toujours plus d'occasions de réaliser notre passion si nous les surmontons.

Et, ça fait le lien avec l'Ikigaï car quand on s'aligne et qu'on recherche à être en cohérence avec qui on est alors on développe facilement une expertise dans un domaine qui nous plait et qui fait sens. Ainsi ça pulvérise la notion de peur et de doute qui nous paralyse et participe à alimenter une certaine confiance en soi.

Puisque l'Ikigaï est un révélateur de ressources que l'on a déjà plus ou moins profondément enfouies en nous, l'enjeu est de se connaitre soi.

On ne peut rien faire si on ne se connait pas bien soi-même, si on ne réussit pas à comprendre ce qui fait de nous notre essentiel.

Il y a trop de gens qui doivent avoir une activité professionnelle purement alimentaire et qui font des choses dans leur travail qu'ils n'aiment pas voire qui est contraire à leurs valeurs. Cela n'est pas agréable ni confortable à vivre et fait perdre le sens de ses actions.

On l'a bien vu pendant le premier confinement : les applaudissements à 20 h ou les petits mots de remerciements laissés sur les poubelles ont montré qu'il peut y avoir du sens dans des métiers qui sont franchement rebutants, ou pas « sexy » ou mal considérés. Certains métiers ont même repris du galon car la crise sanitaire leur a redonné un sens sociétal et communautaire.

Par exemple, être rippeur est loin d'être métier exercé par passion ou par vocation mais on peut lui donner du sens si l'on considère qu'il consiste à rendre la ville plus propre, plus belle. La question du sens est donc la clé essentielle de l'engagement et de la motivation.

J'aime bien revenir sur l'étymologie latine du mot motivation qui vient de *motio* qui veut dire mouvement comme dans locomotive, mais aussi comme dans émotions.

La motivation est donc ce qui me met en mouvement pour agir et les émotions, c'est ce qui génère des « mouvements » à l'intérieur de moi.

C'est la fameuse allégorie des tailleurs de pierre. La connaissez-vous ?

Un observateur va à la rencontre de trois tailleurs de pierre en pleine action.

Le premier tailleur de pierre, assis sur sa chaise, travaille presque mécaniquement sa pierre et quand l'observateur lui demande ce qu'il est en train de faire, c'est l'air vide, égaré et triste et sans même lever la tête vers son interlocuteur qu'il répond : « Je taille une pierre »

Juste après, l'observateur va à la rencontre du deuxième tailleur de pierre. Il effectue le même travail, avec les mêmes outils et la même technique mais de façon un peu plus méthodique. Quand l'observateur lui demande ce qu'il est en train de faire, il explique posément, fièrement, en levant la tête vers l'observateur : « Je taille une pierre pour construire un mur ».

Quelques mètres plus loin se trouve le troisième tailleur de pierre. Il travaille consciencieusement sa matière première avec grâce, entrain et satisfaction du travail accompli. Il a exactement les mêmes outils et la même technique que les deux autres tailleurs de pierre mais, ce qui le rend différent, c'est la délicatesse avec laquelle il taille sa pierre comme s'il s'agissait d'un diamant. Et quand l'observateur lui demande ce qu'il est en train de faire, il répond dans un large sourir : « Je suis en train de construire une cathédrale ».

Construire une vision positive et motivante en adéquation avec vos valeurs et vos centres d'intérêt, construire VOTRE cathédrale, qui vous permettra de donner du sens à vos journées, c'est la promesse de l'Ikigaï.

C'est un état d'esprit à adopter comme le montre ce petit conte à lire :

CONTE À LIRE

Deux hommes malades se partagent une chambre d'hôpital. L'un d'eux disposait du lit situé près de la seule fenêtre de la pièce. L'autre patient ne pouvait malheureusement pas bouger et devait rester allongé à plat sur son lit d'hôpital.

L'homme à la fenêtre décrivait tous les jours au patient alité ce qu'il apercevait au-dehors.

— Quel temps magnifique ! Le parc de l'autre côté de la rue est splendide. Il y a un lac aussi. Des canards jouent dans l'eau. Trois enfants font flotter leurs bateaux en plastique dans le lac. Un vieux couple se tient main dans la main et marche sur un sentier tapissé de fleurs de toutes les teintes. Au loin, on peut apercevoir les gratte-ciels de la ville.

L'homme à la fenêtre décrivait chaque jour à son compagnon de chambre ce qui se passait dehors. Ce dernier fermait les yeux et se représentait alors les scènes extérieures, à la manière d'une peinture. Cela l'aidait beaucoup. C'était même thérapeutique et ça l'aidait à ne pas céder à la morosité de son quotidien.

Des semaines passèrent. L'homme à la fenêtre mourût un soir dans son sommeil, paisiblement.

Deux jours plus tard, le patient alité demanda à changer de lit et d'être déplacé près de la fenêtre tant aimée par son précédent voisin de chambre. L'infirmière s'exécuta et fit le nécessaire.

Lentement et péniblement, l'homme se hissa hors de son lit, pressé d'admirer de lui-même le monde extérieur.

Quelle ne fut pas sa surprise lorsque ses yeux se heurtèrent à un mur vide.

Alors, ne vous heurtez pas à un mur vide et décidez quelle cathédrale professionnelle et personnelle vous souhaitez construire et demandez-vous comment va-t-elle servir à embellir le monde dans lequel vous vivez.

Je vous laisse réfléchir à cette question fondamentale.

Là, nous sommes loin de considérations purement économiques. Même s'il faut les prendre en compte, construire une cathédrale coûte en argent, en temps, en fatigue. Mais c'est un projet qui a du sens. Il est possible de le faire, même si c'est difficile. Mais quand ça fait sens pour la personne qui le mène, cela devient plus facile et plus supportable. La personne serait capable de déplacer des montagnes !

Les diagrammes de Venn

Revenons sur le diagramme de Venn occidental que je trouve certes trop réducteur, que vous trouverez sur tous les sites mais qui a tout de même le mérite d'amener à une certaine introspection.

Comment réfléchir à ce que j'aime, quelles sont mes passions ?

- Faire une liste de toutes les activités que vous aimez faire, peu importe leur importance dans votre vie. Puis, classez-les par ordre de préférence.
- Réfléchir aux moments où vous vous sentez le plus heureux et épanoui. Quelles sont les activités que vous faites à ces moments-là ?
- Penser à vos souvenirs d'enfance et aux activités que vous aimiez faire à cette époque. Sont-elles encore présentes dans votre vie aujourd'hui ?
- Qu'est-ce que vous aimez faire dans votre vie ?
- Quelle activité vous apporte du plaisir ?
- Quelle activité vous mobilise rien qu'en y pensant ?
- Qu'est-ce qui vous fait ressentir de l'excitation, de l'enthousiasme ?
- Qu'est-ce qui vous stimule, vous exalte, vous fait vous sentir vivant ?

→ Cela peut être quelque chose de déjà fait, que vous faites actuellement ou que vous aimeriez faire.
→ On ose se raconter, s'écouter, se questionner. Noter et restituer.
→ On apprend à écouter son cœur.

Comment m'aider à trouver mes talents ?

Ce cercle correspond à vos compétences, vos savoir-faire et vos talents. Voici quelques exercices pour travailler sur ce cercle :

- Faire une liste de toutes vos compétences, expériences et réalisations passées. Puis, classez-les par ordre de préférence.
- Demander à des amis, collègues ou membres de votre famille de vous donner leur avis sur vos points forts. Que disent-ils de vos compétences et de vos talents ?
- Réfléchir à vos hobbies ou activités extrascolaires. Quels sont les savoir-faire que vous avez développés en pratiquant ces activités ?
- Quels sont vos talents et vos forces ?
- Dans quels domaines vous sentez-vous légitime ? Dans quels domaines vous ne doutez pas de vous ?
- Quelles sont les tâches pour lesquelles les proches, les collègues, les amis vous sollicitent régulièrement/spontanément ?

→ Se baser sur des faits et des résultats concrets obtenus.
→ Mettre de côté la gêne que l'on peut avoir à reconnaître ses forces pour assumer ses résultats et valoriser les raisons d'être fier de soi.
→ Prendre le temps de lister ses talents, ses forces et ses compétences pour se construire une boussole interne.

Comment répondre à la question « ce pour quoi je pourrais être payé » ?

Ce cercle correspond à votre potentiel professionnel, vos talents et compétences qui peuvent être valorisés sur le marché du travail. Voici quelques exercices pour travailler sur ce cercle :

C'est le croisement entre la réponse à la question « qu'est-ce que je fais de bien et qui répond à un besoin ? » et la question « pour quoi les gens pourraient me payer ? ».

Il s'agit de clarifier les éléments suivants :
- Quel est le revenu minimum que je dois avoir pour vivre ?
- Quel est le revenu minimum pour lequel j'accepte de travailler ?

- Quel est mon revenu idéal pour vivre comme je l'entends ?
- Qu'est-ce qui me permet de générer mon revenu actuellement ?
- Quelles compétences puis-je monétiser ? Pour quelles compétences, quelqu'un pourrait me payer pour répondre à son besoin ?
- Quels sacrifices suis-je prêt à faire pour mettre en place mon projet professionnel ?

Vous pouvez aussi :
- Faire une liste de tous les emplois, professions ou domaines d'activité qui pourraient être en lien avec vos compétences et expériences passées.
- Étudier le marché du travail et repérer les secteurs où il y a une demande importante de compétences que vous possédez.

→ Cela oblige à être réaliste et à se détacher du fantasme et de la rêverie (on se confronte au principe de réalité).

Comment répondre à la question « comment je contribue au monde » ?

Ce cercle correspond à votre objectif de vie, votre mission personnelle, votre désir de contribuer au monde de manière positive. Voici quelques exercices pour travailler sur ce cercle :

- Réfléchir aux valeurs qui vous sont importantes dans la vie. Que souhaitez-vous transmettre aux autres ?
- Pensez à un moment où vous avez aidé quelqu'un qui vous a procuré un sentiment de satisfaction. Quelles compétences avez-vous utilisées à ce moment-là ?
- Imaginez la personne que vous souhaiteriez devenir dans cinq ou dix ans. Quel serait votre impact sur le monde et comment pourriez-vous le réaliser ?

Posez-vous les questions suivantes :
- Dans quel monde je vis ? (Ma perception des choses, mes constats)
- Dans quel monde ai-je envie de vivre ?
- Quels combats serais-je prêt à mener ? Quels sont les fléaux contre lesquels j'aimerais lutter ?

- Pour arriver à cette harmonie avec votre environnement extérieur, il faut déterminer les causes qui peuvent vous toucher et les choses que vous voudriez changer.
  - → Vous répondrez à ces questions, automatiquement, avec votre propre vision des choses.
  - → Après avoir exploré son identité intérieurement avec les trois premiers cercles, il s'agit d'explorer son identité extérieurement avec ce dernier cercle.
  - → Écoutez ce que vous dit votre petite voix et soyez curieux pour trouver votre voie ! Apprenez à donner toute sa place à votre intuition.
  - → Trouvez votre utilité, c'est-à-dire trouvez votre place et créez le rôle que vous voulez jouer et non pas celui que les autres veulent vous voir jouer.

Nous entendons tous depuis tout petit que « la vie, c'est comme ça ! », « passe ton bac d'abord », « fais des études », « trouve un job », « fonde une famille », « fais deux enfants », « part en vacances trois semaines en été, comme tout le monde ».

Mais à y regarder de plus près, il y a peu de gens qui ont réellement envie de cette vie-là stéréotypée.

Trouver son Ikigaï permet donc de s'accomplir, de développer son potentiel et d'enrichir sa propre vie.

C'est une manière d'agir et de structurer sa pensée au quotidien dans une direction qui vous amène à être plus conscient de vous-même mais surtout de confirmer ou révéler certaines compétences, certains talents que vous avez parfois trop bien enfouis en vous.

Personne n'est vous, à part vous et c'est ça votre super pouvoir, encore faut-il en avoir conscience !

Et si je vous proposais un autre diagramme de Venn plus en phase avec la réalité de la philosophie Ikigaï ?

Le premier cercle représente « augmenter sa présence », qui implique une attention accrue à l'instant présent et une pleine conscience de soi et de son environnement.

Le deuxième cercle représente « apprécier les petits comme les grands moments de la vie », qui signifie valoriser tous les moments, même les plus simples, et trouver la beauté dans l'ordinaire.

Le troisième cercle représente « savourer l'éphémère, l'impermanent et le transitoire sans s'y accrocher », qui invite à profiter des choses telles qu'elles sont, sans s'attacher à elles, car tout est impermanent.

Le quatrième cercle représente « cultiver la joie de vivre », qui implique de trouver du plaisir dans les activités simples et de cultiver des relations saines et nourrissantes.

Enfin, le cinquième cercle représente « vivre de manière simple, plus harmonieuse et plus épanouie », qui signifie rechercher une vie équilibrée, en harmonie avec les autres et avec la nature, tout en étant fidèle à soi-même.

Le point où tous ces cercles se chevauchent représente l'Ikigaï, c'est-à-dire une vie épanouissante et significative qui intègre tous ces éléments. D'où le nom que je lui donne d'Ikigaï intégratif, par opposition aux quatre petits cercles réducteurs vus sur tous les réseaux sociaux.

Le point d'intersection entre le cercle 1 et 2 pourrait être appelé « Présence appréciative », car il représente le fait d'être pleinement présent et conscient des petits moments de la vie.

Le point d'intersection entre le cercle 2 et 3 pourrait être appelé « contemplation de la fugacité », car il représente la capacité à apprécier les choses éphémères et transitoires de la vie sans s'y attacher.

Quant à la contemplation de la fugacité, ce terme met en avant le fait de prendre le temps de méditer sur la nature éphémère de toutes choses, et de trouver de la beauté et de la joie dans cette réalité.

Le point d'intersection entre le cercle 3 et 4 pourrait être appelé « Joie éphémère », car il représente le fait de cultiver la joie de vivre dans les moments simples de la vie qui peuvent être fugaces.

Le point d'intersection entre le cercle 4 et 5 pourrait être appelé « Simplicité épanouissante », car il représente l'art de vivre de manière simple tout en étant épanoui et en harmonie avec soi-même et avec l'environnement.

Enfin, le point d'intersection entre le cercle 5 et 1 pourrait être appelé « Présence équilibrée », car il représente le fait de cultiver une présence pleine et équilibrée dans toutes les sphères de la vie.

Cette version inédite et unique puisque c'est moi qui l'ai créée est bien plus en phase avec la sagesse de l'Ikigai et les exercices qui pourraient être prodigués sont ceux des lois de l'Ikigaï.

Ainsi :

« Pour augmenter sa présence », pratiquez la pleine conscience en vous concentrant sur votre respiration pendant quelques minutes chaque jour. Observez vos pensées et émotions sans jugement, simplement en les laissant passer.

« Pour apprécier les petits comme les grands moments de la vie », tenez un journal de gratitude dans lequel vous notez chaque jour les petites et grandes choses pour lesquelles vous êtes reconnaissant. Prenez le temps de les apprécier et de ressentir la gratitude en vous.

« Savourer l'éphémère, l'impermanent et le transitoire sans s'y accrocher » en choisissant une activité que vous aimez faire mais que vous avez tendance à éviter car elle est éphémère, comme regarder un coucher de soleil ou écouter une chanson. Profitez-en pleinement sans penser à la fin imminente.

« Pour cultiver la joie de vivre », prévoyez du temps chaque semaine pour faire quelque chose qui vous fait plaisir, même si cela semble trivial. Il peut s'agir de regarder une série télévisée, de cuisiner votre plat préféré ou de passer du temps avec des amis proches.

Enfin, « pour vivre de manière simple, plus harmonieuse et plus épanouie, prenez le temps de réfléchir sur les choses qui sont vraiment importantes pour vous et qui vous apportent du bonheur. Éliminez les choses qui ne sont pas nécessaires dans votre vie et qui créent du stress inutile. Créez un espace pour la simplicité et l'harmonie.

Concrètement, pour travailler sur cet Ikigaï, il faut alors se poser les questions suivantes :

« Augmenter sa présence » : Quels sont les moments où vous avez du mal à être présent et pleinement conscient de ce qui se passe autour de vous ? Comment pouvez-vous cultiver une plus grande présence dans ces moments-là ?

« Apprécier les petits comme les grands moments de la vie » : Quels sont les petits moments de la vie que vous avez tendance à négliger ou à prendre pour acquis ? Comment pouvez-vous apprendre à les apprécier davantage et à trouver de la beauté dans l'ordinaire ?

« Savourer l'éphémère, l'impermanent et le transitoire sans s'y accrocher » : Quels sont les moments de votre vie où vous avez tendance à vous accrocher à quelque chose de manière excessive ? Comment pouvez-vous apprendre à laisser les choses aller et à savourer l'impermanence de la vie ?

« Cultiver la joie de vivre » : Quelles sont les activités simples qui vous apportent de la joie et du plaisir ? Comment pouvez-vous les intégrer davantage dans votre vie quotidienne ? Comment pouvez-vous cultiver des relations saines et nourrissantes ?

« Vivre de manière simple, plus harmonieuse et plus épanouie » : qu'est-ce qui vous empêche de vivre une vie plus simple et plus harmonieuse ? Comment pouvez-vous vous débarrasser de ce qui vous encombre et vous empêche d'être fidèle à vous-même ? Quelles sont les valeurs qui sont importantes pour vous et comment pouvez-vous les intégrer dans votre vie quotidienne ?

Ces questions sont des points de départ pour vous aider à explorer chaque élément du diagramme de Venn à cinq cercles et à réfléchir à la manière dont ils peuvent intégrer ces principes dans leur vie.

Je le résume aussi de la manière suivante

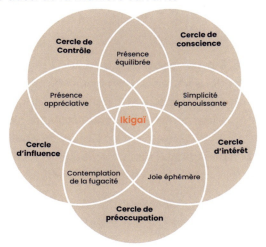

Le cercle de contrôle est lié à l'idée d'augmenter sa présence, car cela implique de se concentrer sur les aspects de sa vie sur lesquels on a une certaine influence ou un certain contrôle, plutôt que de se préoccuper constamment de choses sur lesquelles on n'a pas de pouvoir.

Le cercle d'influence est lié à l'idée d'apprécier les moments de la vie, car cela implique de se concentrer sur les choses que l'on peut influencer ou changer, plutôt que de se concentrer sur les aspects négatifs de la vie.

Le cercle de préoccupation est lié à l'idée de savourer l'éphémère, car cela implique de ne pas se préoccuper de choses qui sont hors de notre contrôle ou qui sont temporaires et passagères mais plutôt de se concentrer sur les expériences et les moments présents.

Le cercle d'intérêt est lié à l'idée de cultiver sa joie de vivre, car cela implique de se concentrer sur les choses qui nous intéressent et nous passionnent, plutôt que de se concentrer sur les choses qui nous ennuient ou nous agacent.

Le cercle de conscience est lié à l'idée de vivre de manière simple, car cela implique de prendre conscience de ce qui est vraiment important dans notre vie, de réduire les distractions et de simplifier notre existence pour nous concentrer sur l'essentiel.

Comment le travailler ?

Cercle de contrôle : il s'agit de tout ce que vous avez le pouvoir de changer et de contrôler dans votre vie. Cela inclut vos choix, vos réactions face aux événements et vos actions ; celles sur lesquelles vous avez un contrôle direct, telles que votre alimentation, votre niveau d'activité physique, votre sommeil, votre choix de lecture ou de divertissement, votre organisation personnelle, etc. Vous pouvez pouvons agir sur ces aspects de votre vie directement et de manière autonome.

Dressez une liste de choses que vous pouvez contrôler dans votre vie, ainsi que celles sur lesquelles vous n'avez aucun contrôle.

Concentrez-vous sur les choses que vous pouvez contrôler et de trouver des moyens concrets de les améliorer ou de les gérer.

Cercle d'influence : il s'agit de tout ce que vous ne pouvez pas directement contrôler, qui ont un impact indirect sur votre vie et sur quoi vous pouvez exercer une certaine influence. Cela inclut les personnes avec lesquelles vous interagissez, les organisations dont vous faites partie, les tendances culturelles et les systèmes politiques. Par exemple, la qualité de vos relations interpersonnelles, votre niveau d'engagement dans une cause qui vous tient à cœur, votre contribution à la communauté, votre attitude face aux défis, etc.

Dressez une liste de personnes ou de groupes qui ont une influence positive sur vous, ainsi que ceux qui ont une influence négative.

Ensuite, investissez plus de temps avec les personnes qui ont une influence positive sur vous et réduisez ou éliminez complètement les interactions avec les personnes qui ont une influence négative.

Cercle de préoccupation : il s'agit de tout ce qui vous préoccupe mais sur quoi vous n'avez aucun contrôle ni aucune influence directe. Cela peut inclure des événements mondiaux, des problèmes sociaux ou environnementaux, ou même des préoccupations personnelles telles que l'âge ou la santé.

Cela comprend tous les aspects de votre vie sur lesquels vous n'avez aucun contrôle direct, mais qui suscitent des inquiétudes ou des préoccupations, tels que les événements mondiaux, l'économie, les comportements des autres, les événements climatiques, etc.

Dressez une liste des choses qui vous préoccupent, vous angoissent ou vous inquiètent.

Réfléchissez aux choses que vous pouvez faire pour réduire ou éliminer ces préoccupations, telles que prendre des mesures concrètes pour résoudre un problème ou pratiquer des techniques de relaxation pour gérer le stress.

Cercle d'intérêt : il s'agit de tout ce qui vous intéresse mais qui n'a pas nécessairement un impact direct sur votre vie. Cela peut inclure des loisirs, des passe-temps, des activités, des sujets ou des domaines qui suscitent votre intérêt et notre curiosité. Il peut s'agir de tout ce qui élargit votre horizon, nourrit votre créativité, ouvre votre esprit ou vous procure du plaisir, par exemple, la musique, la cuisine, la lecture, les voyages, les rencontres, etc.

Dressez une liste de choses que vous trouvez intéressantes ou passionnantes.

Trouvez des moyens de vous engager davantage dans ces activités, qu'il s'agisse de rejoindre un club, de suivre une formation ou de trouver des personnes partageant les mêmes intérêts.

Cercle de conscience : il s'agit enfin de votre capacité à prendre conscience de vos pensées, émotions et comportements. Ce cercle est important car il vous permet de mieux appréhender ce qui se passe à l'intérieur de vous-même et de prendre des décisions plus éclairées.

La conscience de soi et la connaissance de vos valeurs, de vos croyances, de vos motivations, de vos émotions, de vos comportements et de vos aspirations.

C'est le cercle le plus profond et le plus intime, qui nous permet de mieux nous comprendre, de mieux communiquer avec les autres et de mieux nous aligner sur notre « vrai » Ikigaï.

Prenez quelques minutes chaque jour à vous concentrer sur votre respiration et à vous concentrer sur le moment présent.

Pratiquer la méditation ou le yoga peut aider à développer une plus grande conscience de soi et à être plus présent dans votre vie quotidienne.

Ces exercices contribuent à développer la conscience de soi et à prendre des mesures concrètes pour améliorer votre vie.

N'oubliez pas de ne pas vous mettre la pression et de vous accorder le droit de ne pas y arriver dès le premier essai. Changer prend du temps !

Que vous ayez travaillé sur l'Ikigaï « réducteur » ou sur l'Ikigaï intégratif, je vous invite ensuite à utiliser une approche itérative en reliant les résultats de votre travail sur les différents cercles.

Tout d'abord, vous pouvez revoir les réponses que vous avez données pour chaque cercle et les analyser. Posez-vous des questions telles que :

Quels sont les thèmes qui reviennent le plus souvent dans mes réponses ?

Y a-t-il des connexions entre les différents cercles et si oui, lesquelles ?

Y a-t-il des éléments qui se recoupent entre mes intérêts, mes préoccupations, mes influences et mon cercle de contrôle ?

Ensuite, vous pouvez chercher à créer des liens entre ces différents éléments pour trouver des pistes qui vous mèneront vers votre Ikigaï. Par exemple, si vous avez identifié que votre intérêt pour la musique est connecté à votre préoccupation pour le bien-être des autres, vous pouvez chercher des façons d'utiliser votre talent musical pour aider les autres.

Enfin, une fois que vous avez identifié des connexions potentielles entre vos différents cercles, vous pouvez les synthétiser pour arriver à une vision plus claire de votre Ikigaï. Il est important de garder en tête que cette vision peut évoluer et s'affiner au fil du temps, et qu'elle doit être en harmonie avec vos valeurs et vos aspirations profondes.

CE QUE JE RETIENS DE CE CHAPITRE COMME INGRÉDIENT ESSENTIEL POUR MOI :

_____

_____

_____

_____

CONTE À MÉDITER

Il était une fois trois petits mulots qui s'affairaient dans les champs en prévision de l'hiver. Le premier cherchait frénétiquement des provisions et transportait toutes sortes de graines dans son trou. Le deuxième battait la campagne en quête de tout ce qui pourrait lui permettre de se protéger du froid, et il remplissait son terrier de paille, de foin et de duvet. Et le troisième mulot ? Lui se promenait de-ci de-là en regardant le ciel, goûtant au spectacle de la nature, quand il ne s'allongeait pas pour se reposer un moment.

Ses deux laborieux compagnons le houspillaient en partant au travail et lui disaient : » Quel paresseux tu fais ! Si tu ne prépares pas l'hiver, comment te débrouilleras-tu lorsque la bise sera venue ? »

Mais le troisième mulot n'essayait même pas de se justifier.

Quand l'hiver arriva, les trois mulots s'abritèrent dans leur tanière encombrée de provisions. Ils ne manquaient ni de vivres ni de literie douillette mais ils n'avaient rien à faire de toute la journée. Peu à peu, l'ennui s'installa, et ils ne savaient pas comment passer le temps.

Alors le troisième mulot commença à raconter des histoires à ses deux compagnons : il leur parla de l'enfant qu'il avait vu au bord du champs un après-midi d'automne, d'un homme qu'il avait observé près de la mare un matin d'été. Il leur rapporta des conversations qu'il avait eues avec d'autres mulots du champ voisin : il leur chanta la chanson d'un oiseau qu'il avait entendue au printemps...

C'est à ce moment-là seulement que les deux mulots travailleurs comprirent que pendant toute la belle saison leur compagnon avait recueilli des rayons de soleil pour les aider à passer agréablement l'hiver.

... si certaines activités semblent n'avoir aucune utilité pratique, elles peuvent apporter la paix et l'harmonie à l'âme

Extrait de Le bonheur selon Confucius de Yu Dan

CE QUE JE RETIENS DE CE CONTE POUR MOI :

Chapitre 4
Inventer sa vie

Pour rentrer dans la conformité sociale, nous sommes obligés d'abandonner en partie nos rêves et museler nos petites voix intérieures, nos intuitions qui tentent d'entrer en relation avec nous pour nous parler de nos envies et ambitions profondes.

L'acceptation de soi et des événements n'est ni de l'abandon ni de la fuite, c'est une acceptation pour oser la transformation. Ce qui va participer à votre transformation, ce n'est pas la situation vécue en tant que telle mais ce que vous en faites et ce que vous avez ressenti pendant de cette épreuve.

L'épreuve est souvent initiatique et peut être l'occasion d'une relecture de vos croyances : le jour où vous vous accordez suffisamment d'amour, de respect, de tendresse, de temps, d'écoute, de lumière, ces croyances deviennent force, désir de vivre, plénitude, créativité et tout devient alors possible avec une verticalité physiquement, émotionnellement et intellectuellement.

L'alignement physique, émotionnel et intellectuel

Écouter son cœur et écouter son corps, c'est réussir à se fier à son intuition pour s'aligner tête/cœur/corps. En effet, trop souvent dans nos sociétés occidentales, la tête prend le dessus. Écoutez la voix intérieure qui est en vous et essayez d'être le plus possible dans la spontanéité, tel est l'objectif de cette recherche d'alignement.

Le cœur dit oui et la raison dit non ou inversement – *cela me fait penser au poème de Jacques Prévert, le cancre : « Il dit non avec la tête mais oui avec le cœur »* – et le corps est au milieu et souffre plus ou moins discrètement. Il est des situations où nous nous sentons tiraillés entre plusieurs injonctions et entre notre intériorité et notre extériorité. Alors, comment faire pour retrouver un équilibre ?

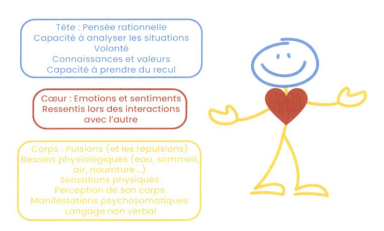

Notre culture occidentale a tendance à mettre en avant l'intelligence logico-mathématique[4] (on le voit à l'école par exemple), mettant ainsi l'accent sur nos facultés de raisonnement, d'analyse et d'esprit critique, au détriment de nos émotions et de notre corps. Or l'énergie du cœur assure l'harmonie de l'âme et des émotions. Elle est ainsi en étroite relation avec l'activité intellectuelle. Elle nous procure paix intérieure et clarté de l'esprit. Les conflits, les difficultés que nous rencontrons dans notre vie sont souvent le résultat de dysharmonies à l'intérieur de nous. Cela est énergivore et source de fatigue. Notre plus grande dysharmonie est la désunion entre notre tête et notre cœur qui se manifestera ensuite au niveau corporel.

Or, ce désalignement pompe l'énergie de notre batterie intérieure.

Les choix que nous faisons dans nos vies seraient facilités si nous équilibrions les voix de la tête, du cœur et du corps. Il faut donc essayer de travailler à cette harmonisation du système tête-cœur-corps pour

---

4   À ce propos, arrêtez de vous croire bête et découvrez votre style d'intelligence, éclairé par le concept d'intelligences multiples d'Howard Gardner en annexe 2.

remettre du lien entre ce que l'on pense, ce que l'on ressent et ce que l'on fait et ainsi, renforcer la dimension et l'influence du cœur dans nos pensées, nos ressentis, nos comportements.

Tout changement commence par un alignement

1. Accepter son état actuel.
2. Comprendre les messages envoyés par son coeur/corps.
3. Orienter toute son énergie vers ce que l'on désire.

Si nous ne satisfaisons que l'un des trois : tête, cœur ou corps, cette satisfaction n'est vécue que par une partie de notre être humain. Or, le vrai bonheur intègre toutes les couches de notre être. Il doit être vécu par la totalité de la personne.

EXERCICE DES TROIS BATTERIES

Vous sentez-vous fatigué, désaligné sans pouvoir en expliquer la raison ?

1. Sur trois feuilles différentes, matérialisez votre niveau d'énergie en dessinant trois batteries pour chacune des dimensions tête/ cœur/corps (une feuille pour chaque dimension).

Par exemple : je suis à 70 % d'énergie au niveau de ma tête, 40 % au niveau de mon cœur et 10 % au niveau de mon corps (voir schéma)

Sachez que vous avez l'énergie de la batterie la plus faible.

Puis constatez : actuellement, mon énergie la plus faible est

_____

2. Prenez conscience de vos ressentis sur chacune des dimensions
Actuellement, mes ressentis intellectuels sont

_____

Que diraient votre cœur et votre corps à votre tête par rapport à ces ressentis ?

Mon cœur dirait : _____

Mon corps dirait : _____

Actuellement, mes ressentis émotionnels sont _____

_____

Que diraient votre tête et votre corps à votre cœur par rapport à ces ressentis ?

Ma tête dirait : _____

Mon corps dirait : _____

Actuellement, mes ressentis corporels sont _____

_____

Que diraient votre tête et votre cœur à votre corps par rapport à ces ressentis ?

Ma tête dirait : _____

Mon cœur dirait : _____

3. Remettez vos trois feuilles les unes sur les autres (dans l'ordre que vous souhaitez) pour reconnecter votre tête, votre cœur et votre corps et ainsi retrouver votre entièreté. Regardez ce que dit l'ensemble et laissez parler votre spontanéité, votre intuition.

L'ensemble tête/cœur/corps me dit _____

4. Dans votre quotidien, prenez l'habitude de prendre un temps pour vous demander si vous êtes en harmonie, si vous êtes dans le bon dosage et demandez-vous :

Comment est votre tête ? _____

Comment est votre cœur ? _____

Comment est votre corps ? _____

Pourquoi chercher le bon dosage ?

Parce qu'inventer sa vie, c'est en premier lieu, trouver le juste équilibre entre l'être et le faire. Il s'agit d'avoir une balance entre l'action, la création pour sortir de quelque chose que l'on subit et (re) devenir acteur de sa vie. Cela permet de garder l'enthousiasme et de la motivation (rester en mouvement) mais sans être non plus dans la suraction qui pourrait être une tentative consciente ou non de camoufler un vide existentiel.

Il s'agit de reprendre sa pleine puissance, sa souveraineté personnelle et incarner au quotidien sa propre vérité.

Comment recharger chacune des batteries ?

→ Pour votre corps : Le corps possède sa propre énergie : c'est l'énergie de la vie. Pour passer par le corps, il faut déjà le retrouver, s'y reconnecter en pleine conscience. L'entrée des informations du corps passe par les cinq sens.

Le corps (cerveau reptilien) est la partie charnelle qui permet d'intégrer de l'information mais aussi d'être incarné (étymologiquement incarnation vient de chair). Cela va stimuler des émotions donc la partie cœur (cerveau limbique) et l'on va interpréter tout ce qui nous arrive, le monde qui nous entoure dans notre néocortex (univers du souvenir et choix des mots) c'est-à-dire dans la tête.

Or nous sommes trop souvent séparés de nos sensations. Notre tendance à positionner la tête, donc le mental au centre de notre quotidien nous fait perdre la connexion avec notre corps.

Identifiez vos « vrais » besoins pour y répondre et garder votre corps en forme, sans quoi il y aura un impact sur la tête (capacité intellectuelle diminuée) et sur le cœur.

Par exemple, les personnes souffrant des symptômes de blurring, c'est-à-dire l'effacement de la frontière entre vie privée et vie professionnelle, et qui pendant des mois ne font que travailler au détriment de leur sommeil, de leur équilibre alimentaire et/ou d'un minimum d'exercice physique ne se sentiront pas bien car le cœur et le corps n'auront pas été écoutés.

EXERCICE

Dans l'idéal, il est préconisé de consacrer :

- 8 h à l'activité professionnelle ;
- 8 h pour le sommeil ;
- 8 h pour le reste de votre vie (famille, amis, sport, bénévolat, spiritualité au sens large…).

C'est la règle des 3x8 !

N.B. ces répartitions peuvent varier légèrement en fonction de vos propres capacités : certains sont naturellement des petits dormeurs et n'auront besoin que de 5 ou 6 heures de sommeil quand d'autres en auront besoin de 9 ou 10 pour se sentir en forme.

Remplissez ces trois batteries en fonction de votre rythme actuel.

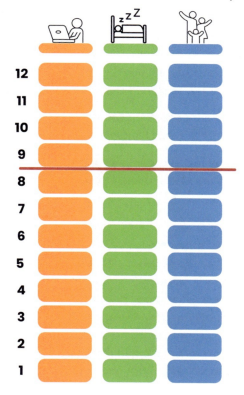

Ressentez ce qui se passe au niveau de votre corps, ensuite prenez conscience de là où se trouve votre attention qui a tendance à se disperser dans tous les sens (notamment avec nos habitudes d'hyperconnexion et de multitasking). Une fois qu'elle est stabilisée dans le ressenti du moment présent, vous pourrez regarder ce que vous ressentez (cœur) et quelles sont vos pensées (tête).

Le body scan déjà évoqué dans les lois de l'Ikigaï est aussi un excellent exercice d'ancrage dans le moment présent et de pleine conscience.

→ Il faut aussi prendre soin de sa tête, en nourrissant son intelligence, en se stimulant, en apprenant à raisonner et à prendre du recul, en se documentant sur les sujets qui nous intéressent pour être capables, le moment venu, de prendre les bonnes décisions (études, formation, MOOC, webinaires, conférences Ted Talks inspirantes, podcasts, lectures, engagements associatifs…), afin d'enclencher une dynamique d'amélioration continue.

→ Enfin il est important de câliner son affectif et de comprendre ses besoins en la matière pour ne pas tomber dans des situations complexes de dépendance affective, par exemple.

L'important, au final, est de ne pas fonctionner sur une seule dimension car je le répète, nous avons l'énergie de la plus basse des batteries.

Il faut donc essayer d'écouter la sagesse de notre corps et de notre cœur et pas uniquement la rationalité de notre tête pour se reconnecter à notre identité profonde, à notre instinct, à notre intuition.

L'intuition se trompe rarement : elle n'est pas si irrationnelle et magique que ce que nous pourrions le supposer. Et si je vous disais que l'intuition nait de l'expérience ? En effet, la pensée intuitive procède en captant des faisceaux d'indices et en les comparant avec ce qui nous avons déjà vécu et appris. Elle va nous permettre de décrypter des situations, des comportements de façon extrêmement rapide (on parle de fulgurance) et généralement inconsciente au sens où elle s'exerce hors du champ de la conscience. C'est la raison pour laquelle on l'on oppose souvent à la rationalité.

Or, loin de se substituer à la pensée rationnelle qui est plus lente dans son élaboration et plus réfléchie, l'intuition est un mode complémentaire de pensée. N'oublions pas qu'elle est à l'origine de nombreuses découvertes comme le tableau périodique des éléments de Mendeleïev ou la gravitation chez Newton. Comme le disait Henri Poincaré : « *c'est avec l'intuition que nous trouvons mais c'est avec la logique que nous prouvons* », c'est-à-dire que la construction de solutions opérationnelles reste souvent du ressort de la pensée rationnelle.

Réussir à capter la première impression quand on rentre dans une pièce ou quand on rencontre une personne, à appréhender ce que l'on sent et ressent, à ressentir l'énergie de quelqu'un même physiquement, cela vient quand on accepte d'écouter son intuition.

Et même quand le corps vous lâche, il est encore en train de vous envoyer un message, de vous envoyer un signal pour vous dire d'agir, de faire un choix, de vous reprendre en main votre vie, de prendre une décision.

Faire confiance à son intuition

Écouter son intuition est une autre façon de plonger en soi.

Dans le dictionnaire, l'intuition se définit comme une connaissance directe, immédiate de la vérité, sans recours au raisonnement, à l'expérience. C'est un sentiment irraisonné, non vérifiable qu'un événement va se produire, que quelque chose existe. Étymologiquement, il vient d'*intueri* qui signifie l'acte de regarder attentivement à l'intérieur de soi.

On a tous à l'intérieur de nous un super pouvoir insoupçonné, si l'on arrive à s'écouter : c'est notre intuition. Elle nous révèle en permanence, par un flux continu, presque inconscient, ce que le corps a compris sans que le cerveau n'ait eu le temps de l'analyser. Les neurosciences l'ont prouvé : le cerveau engrange des quantités de données considérables sans transiter par le prisme de la conscience.

L'intuition n'est pas une émotion mais un signal qui nous traverse furtivement et qu'il faut réussir à attraper en plein vol. On a tous déjà vécu ce moment où la moindre fibre de notre corps nous criait de prendre une certaine décision ou de réaliser une action, parfois irrationnelle, illogique mais qui nous paraissait tellement évidente qu'en dépit de tout le reste, nous n'aurions pu changer d'avis pour rien au monde. Cette force qui nous pousse ainsi à agir, c'est l'intuition.

Elle peut prendre différentes manifestations sensorielles : une voix, un ressenti, une odeur, un flash, un frisson, une raideur, un mouvement de recul ou une attirance.

Vous voyez ? C'est parce que l'on est connecté à nos cinq sens que l'on peut laisser libre cours à cette intuition et cela permet de développer des aptitudes essentielles (nouvelles pour certains) parce que l'on va bénéficier d'une sorte de mode d'emploi intérieur. Le véritable enjeu est donc d'apprendre à écouter et faire confiance à son intuition et même quand on ne sait pas vers où elle vous mène.

En effet, pour réussir à prendre des décisions de façon éclairée et sur lesquelles on se sentira aligné et donc pour inventer sa vie, il sera nécessaire de concilier sa capacité à connaître (intelligence) à celle d'agir et d'aimer (volonté propre).

Ma faculté d'intelligence (ma tête) me donne le pouvoir de raisonner, de juger ou d'estimer une situation, une décision à prendre, un acte à pose mais il faudra aussi écouter son cœur et son corps pour se demander : est-ce vraiment bien pour moi ? Cette écoute permet d'arriver à son intuition profonde.

En mettant en veille notre rationalité (tout en la conservant en parallèle), on s'ouvre alors de nouveaux champs des possibles et quand on réussit à dérouler ce fil intuitif, on est souvent dans le juste (pour soi) et on attire les choses dont on a besoin. C'est la loi de l'attraction.

La loi de l'attraction

La loi de l'attraction est issue des enseignements de Phineas Quimby, un philosophe américain du XIXe siècle. Elle part d'un principe simple : tout ce qui vous arrive, que ce soit positif ou négatif, a été attiré par vous-même.

Elle stipule que :

- penser positivement attire du positif ;
- penser négativement attire du négatif.

À la base de cette loi, il y a ce qu'on appelle l'effet pygmalion. Du nom de la mythologie grecque, l'effet pygmalion est une prophétie auto-réalisatrice c'est-à-dire que le simple fait de croire en quelque chose augmente les chances qu'elle se réalise. Cela permet d'accroitre les chances de réussite ou de performance

L'histoire célèbre qui illustre l'effet Pygmalion est celle de Thomas Edisson, un brillant inventeur qui a plus de 1300 brevets à son actif. Je ne suis pas sûre qu'elle soit véridique mais c'est un joli exemple qui laisse rêveur.

Alors qu'il était enfant, son maître d'école lui remet une lettre cachetée à donner à sa mère. En la lisant, sa mère se met à pleurer. Le petit Thomas Edisson lui demande pourquoi elle pleure. Sa mère lui lit la lettre : son maître d'école pense que le petit Thomas est un surdoué et qu'il perd son temps à l'école. Sa mère le retire de l'école pour s'occuper de lui dans cet état d'esprit. Puis, il devient le grand inventeur que l'on connait. Une fois sa mère décédée, Thomas Edisson retrouve cette lettre, soigneusement rangée dans une boîte. Il la lit. Cette fois, c'est lui qui pleure. Il était écrit « *Madame, votre fils est un déficient mental, nous ne l'accepterons plus à l'école, gardez-le à la maison.* » Cette histoire illustre l'effet Pygmalion, c'est-à-dire comment la pensée agit sur nos comportements et comment elle influence nos résultats.

Il suffit d'une personne en qui vous avez confiance et qui croit en votre génie pour que la magie opère. Mais en fait, ce n'est pas de la magie !

L'effet Pygmalion permet d'augmenter les chances de réussite ou de concrétisation d'un projet ou d'un rêve. Pour ceux qui adoptent cette conviction, il peut y avoir plusieurs résultats bénéfiques :

- une amélioration de la confiance en soi ;
- une diminution de l'anxiété ;
- une meilleure projection dans l'avenir ;
- une amélioration de l'humeur ;
- une motivation à toute épreuve donc une meilleure implication personnelle ;
- une vision positive des choses.

Croire de façon inébranlable en son succès, augmente très clairement les chances que ce dernier se produise. S'imaginer et se projeter dans le futur avec des capacités ou des compétences supérieures, augmentent les performances et la concrétisation de ses rêves dans la réalité.

Une étude consistait à demander à des personnes si elles s'estimaient chanceuses. Elles devaient ensuite compter le nombre de photos illustrant un magazine dans lequel était insérée une annonce qui indiquait : « Arrêtez de compter, il y a 236 photos et si vous avez vu cette page, dites-le au superviseur de l'étude, vous gagnerez 100 € ». Seules les personnes qui s'étaient déclarées chanceuses ont trouvé l'annonce et réclamé les 100 € alors que celles qui ne se considéraient pas comme chanceuses n'avaient même pas vu l'image, trop occupées à dénombrer les images, comme on leur avait demandé.

Incroyable non ? L'effet Pygmalion s'applique aussi à la chance car la chance est un état d'esprit : elle existe quand on sait la provoquer.

La moralité de cette expérience est simple : si vous ne croyez pas en votre propre chance, vous allez vous fermer les portes des opportunités que peut-être vous n'identifierez même pas.

Si vous ruminez, si vous broyez du noir, si au final, vous créez des conditions négatives autour de vous, vous échouerez dans ce que vous entreprenez !

Pourquoi ? Parce que vous n'allez pas agir. Et, comme vous ne ferez aucune action, vous allez échouer puis en conclure que vous n'allez pas réussir ou vous dire « je suis malchanceux ». Si cela devient un mode de fonctionnement habituel, vous rentrez alors dans un cercle vicieux où vous ne verrez jamais les opportunités qui se présentent à vous et serez convaincu d'être constamment malchanceux.

Donc, le premier élément pour oser inventer sa vie et avoir de la chance, c'est croire en votre bonne étoile.

D'autre part, la chance sourit à ceux qui savent la provoquer. Or, pour cela, il faut suivre son intuition en prenant des actions avec la conviction de réussir. Il a été constaté que les gens qui se disent malchanceux ont tous peur d'essayer de nouvelles choses et laissent des opportunités leur filer entre les doigts.

Comment faire concrètement pour « profiter » de cette loi de l'attraction ?

Questionnez sans cesse vos croyances et vos stéréotypes.

Si vous êtes dans un mindset négatif à ressasser des : « je n'ai pas de chance », « je ne suis pas né sous une bonne étoile », « je n'y arriverai jamais », « ce n'est pas fait pour moi », « je sais que je suis nul de toute façon », etc., vous êtes en train de vous conditionner pour attirer le négatif.

Retenez que la chance est une tournure d'esprit, une ouverture au monde et la capacité à saisir les opportunités

Vous estimez-vous chanceux ?

☐ **OUI** ☐ **NON**

Vous avez répondu **NON** ?

EXERCICE

Repérez au moins un élément de votre vie qui montre que vous pouvez avoir de la chance _____

_____

CONTE À LIRE

Dans un village, un homme très pauvre ne possédait qu'un cheval. Un jour, le cheval disparut. Les gens du village lui dirent : « C'est terrible, quelle malchance ! Votre seul cheval a été volé ! » L'homme pauvre mais très sage répondit : « Je ne sais pas si c'est bien ou si c'est mal. C'est la vie. » Puis il ne s'en préoccupa plus… Avant de vous raconter la suite, je voudrais que vous réfléchissiez. Est-ce vraiment une malchance ?

Quinze jours plus tard, le cheval qui n'avait finalement pas été volé mais s'était échappé revint avec une douzaine de chevaux sauvages. Les gens du village lui dirent : « Tu avais raison vieil homme, nous nous trompions en parlant de malheur. En réalité c'était une chance ». L'homme sage répondit : « Ne jugez pas à nouveau ! Qui sait si c'est une chance ou non ? ».

Le vieil homme avait un fils unique. En dressant les chevaux sauvages, il se cassa les deux jambes. Les villageois revinrent encore et ne purent s'empêcher de juger. « Tu avais raison, ce n'était pas une chance mais un nouveau malheur ! Ton seul fils a la jambe cassée ! » Le vieil homme dit : « Juger est une manie chez vous ! Mon fils s'est cassé les jambes. Qui sait si c'est une chance ou non, c'est ainsi, c'est tout ».

Quelques semaines plus tard, le pays entra en guerre. Tous les jeunes furent envoyés se battre sauf le fils du vieil homme. Le village tout entier pleurait et dit au vieil homme. « Tu avais raison. Ton fils a peut-être les jambes cassées mais il est resté près de toi... nos fils sont partis pour toujours ! » Que répondit le vieil homme sage ? Je ne sais pas si c'est une chance ou pas, on verra bien ».

Cette histoire chinoise taoïste explique que toute situation rencontrée dans sa vie peut être soit positive soit négative en fonction de l'état d'esprit dans lequel on l'aborde. Il n'y a pas d'échec, il n'y a que des apprentissages !

À partir de maintenant, persuadez-vous que vous êtes chanceux et comportez-vous comme tel.

Le secret des chanceux, c'est qu'ils croient en leur chance. Peu importe si cela prend du temps, tournez-vous vers l'avenir et vers ce que vous voulez recevoir. Si vous le croyez vraiment, vous aurez l'attitude qui y correspond, et comme par hasard, la chance vous sourira !

Retenez que vous avez le pouvoir de créer votre propre réalité c'est-à-dire que vous récoltez ce que vous semez.

La chance se crée. Il faut aller la chercher, la solliciter, la provoquer. Si vous faites en sorte que quelque chose que vous aimez arrive, c'est parce que vous avez fait des choix pour rendre cela possible.

En d'autres termes, l'apprentissage de la loi de l'attraction, c'est de se convaincre que votre intuition et votre intention ont une force inouïe.

On pourrait résumer cette posture de la façon suivante : **avoir l'intuition de son intention et avoir l'intention de son intuition.**

Je vous invite à relire cette petite maxime plusieurs fois, comme un mantra pour identifier comment elle résonne en vous.

L'importance dans cette loi de l'attraction réside aussi dans le fait d'être en alignement avec ce qui compte pour vous : d'une part, il faut oser formuler ses objectifs. Ensuite, il faut y croire et utiliser le pouvoir de la pensée positive. Enfin, il faut être en mesure d'accueillir les cadeaux de la vie, les surprises, les bonnes fortunes, les rebondissements, les opportunités et ce que les autres peuvent vous apporter pour arriver à ce que vous avez construit ou ce que vous ambitionnez.

Mais, un tel changement d'état d'esprit n'est pas spontané et comme pour tout, le premier pas (le premier coup de pédale) est le plus difficile. Il faut parfois se challenger pour oser sortir de sa zone de confort.

Sortir de sa zone de confort

Peut-être connaissez-vous cette fable : plongez une grenouille dans une casserole d'eau bouillante, elle se débattra et ses mouvements l'aideront à la faire sortir de la casserole. Plongez une autre grenouille dans une casserole d'eau froide et faites chauffer l'eau tout doucement, elle se ramollira au fur et à mesure que la température augmentera puis se laissera mourir ébouillantée sans lever la petite cuisse.

La zone de confort est votre casserole d'eau froide qui se réchauffe avec le temps et dans laquelle vous vous laissez vous endormir mais qui peut présenter le risque de tuer votre moi profond.

La zone de confort pourrait se définir comme un état psychologique dans lequel une personne se sent complètement à l'aise parce qu'ont été mises en place des routines, que l'environnement est maîtrisé et que l'on se sent dans quelque chose de sécurisant. Tout nous y est familier et sans risque. Nous y avons la sensation de pouvoir garder le contrôle et un niveau de stress bas.

La zone de confort est donc une routine de vie tranquille, « pépère », une référence à un espace de sécurité intérieure qui nous donne la sensation du contrôle des situations et de nos émotions car on y trouve facilement l'accès aux éventuelles ressources nécessaires. D'ailleurs, au final, on se demande même pourquoi en sortir.

La zone de confort nous met en mode de pilotage automatique, rendant ainsi la vie moins lumineuse C'est un mode de vie, une attitude et un ensemble de comportements qui ne sont pas adaptés pour laisser la place et donner toute sa puissance à notre potentiel naturel. C'est la raison pour laquelle il faut trouver des stratégies pour en sortir (sans se brutaliser non plus !).

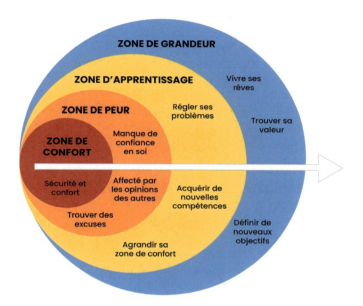

Pensez à une situation (un problème, une préoccupation, un projet) et demandez-vous, où vous situez-vous actuellement dans ce schéma par rapport à celle-ci ? _____

_____

Autour de la zone de confort, il y a d'abord la zone de peur ou de panique : peur de l'échec, de l'inconnu, peur de perdre ou peur du « qu'en dira-t-on ? ».

Si nous sortons de notre zone de confort, nous perdons nos repères rassurants. Nous nous mettons alors en situation de déséquilibre et commençons à douter de nous-même.

> « *Le doute, c'est le point de départ de l'intelligence !* »
> Didier van Cauwelaert

Or, le cerveau humain n'aime pas les changements d'habitudes qui sont très énergivores et stressants pour l'organisme. Le cerveau favorise donc les comportements les plus automatiques et les plus rassurants possibles afin de diminuer l'impact de ce stress. Ceci explique en partie notre tendance à nier certaines réalités ou à en minimiser leur impact lors d'un changement.

Notre cerveau aime faire la même chose tous les jours à la même heure. C'est ce qui est le plus confortable pour lui car c'est ce qui lui demande le moins d'effort.

Observez quand vous vous levez le matin, vous faites la même chose dans le même ordre. Vous ne vous posez pas de question (c'est le mode : pilotage automatique).

Observez vos pensées et vous allez découvrir que vous pensez quasiment toujours à la même chose au même moment. Nous générons 70 000 pensées par jour en moyenne, dont 95 % qui sont les mêmes que celles de la veille et seront les mêmes le lendemain.

Sur le schéma précédent, nous voyons ensuite la zone d'apprentissage : c'est la zone d'expérimentation, d'observation, comparaison, de recherches. Mais pour atteindre cette troisième zone, il faut que la motivation, l'envie, l'intention soient plus fortes que nos peurs.

Lorsque l'on est à cette étape, on se rend compte qu'au final, sortir sa zone de confort permet de l'élargir car on ne perd pas ce qui est déjà acquis. Au contraire, on développe des expériences utiles pour gagner en confiance et en estime de soi, en activant le cercle vertueux de la confiance en soi.

On entre ainsi dans une phase d'accomplissement qui certes a demandé des sacrifices, a nécessité une grande remise en question mais quelle satisfaction ! Quelle libération !

Quelle action pourrais-je faire sans me brutaliser pour élargir ma zone de confort ?

_____

_____

Comment faire pour ne pas être trop mal à l'aise dans la zone de peur ?

_____

_____

À terme, nous nous créons une nouvelle zone de confort plus large. Mais pour y arriver, il faut aussi réussir à se détacher du regard des autres.

Se détacher du regard des autres

Comment expliquer que certaines personnes osent et d'autres non ? Pourquoi certains sont-ils bloqués, empêchés dans leurs actions par le regard des autres ?

Trois types de peurs peuvent expliquer cette appréhension du regard de l'autre :

- La première liée à la tête, au rationnel : vous pouvez craindre des autres qu'ils vous trouvent incompétent.

- La seconde liée à l'émotionnel (le cœur) : vous pouvez craindre d'être rejeté, de ne pas être aimé, de ne plus faire partie du groupe. Cette peur est archaïque et « encodée » en nous. À l'ère préhistorique, être exclu du groupe était synonyme de mort : on mourrait de froid ou de faim. Donc il était vital d'être intégré dans le groupe. Nous avons gardé cela au plus profond de nous.

- La dernière liée à l'instinct (le corps) : vous pouvez craindre du regard des autres qu'ils vous trouvent faible, vulnérable et craindre alors de perdre leur respect ou vous pouvez avoir peur de perdre le contrôle.

EXERCICE

Laquelle de ces trois peurs fait écho en vous ?

_____

Que faire, selon vous, pour en tirer des solutions et modifier la perspective par rapport à cette peur ?

_____

_____

N.B. Si vous pensez que vous risquez de montrer un signe de vulnérabilité, dites-vous que l'erreur est humaine et que l'échec ou la défaite vont vous permettre de développer votre combativité pour vous améliorer et atteindre vos objectifs à terme.

Si vous pensez que vous risquez de montrer un signe d'incompétence, demandez-vous si commettre une erreur est vraiment une preuve d'incompétence. N'est-elle au contraire pas le début de l'expérience et donc la compétence ?

Avec l'expérience, nous allons nous améliorer, mais il restera toujours un risque de commettre des erreurs. Il est possible que nous diminuions leur fréquence ou leur gravité. Peut-être allons-nous acquérir plus de compétences et développer des habiletés plus complexes, avec lesquelles, toutefois, le risque d'erreurs persistera.

Retenez que l'erreur n'est pas synonyme d'incompétence mais d'apprentissages donc elle permet de faire un pas supplémentaire vers la compétence.

Développer une aptitude, une compétence est un processus en quatre étapes. Le fait de connaître ces étapes fait descendre la pression pour devenir compétent : cela vous permettra d'appréhender plus sereinement les moments où vous avez l'impression de stagner pendant une phase d'apprentissage.

Première étape : Je ne sais pas que je ne sais pas – Incompétence inconsciente

Cette étape se situe juste avant que l'on fasse les premiers essais. C'est en fait l'étape de l'ignorance, c'est-à-dire que vous n'avez aucune idée de ce que vous allez apprendre... À vrai dire vous ne savez même pas que vous avez des choses à apprendre. Vous êtes inconsciemment incompétent.

Par exemple lors de l'apprentissage d'une langue étrangère : imaginez que vous deviez apprendre le mandarin pour une promotion professionnelle qui vous amènera à travailler avec la Chine.

Vous n'avez jamais parlé mandarin de votre vie. Vous n'avez jamais entendu personne le faire et on ne vous a jamais expliqué les règles de bases de cette difficile langue comme par exemple, le fait qu'il y ait quatre tons. On vous présente une personne ne parlant que mandarin et on vous demande de communiquer avec elle... Heu !!!!!

Deuxième étape : Je sais que je ne sais pas – Incompétence consciente

Cette autre étape se révèle après la première tentative à faire quelque chose de nouveau. Elle constitue le début de l'apprentissage. Vous prenez conscience de ce que vous ne savez pas et recherchez les informations pour apprendre. Cette prise de conscience s'accompagne généralement d'une motivation importante car vous êtes enthousiaste à l'idée de pouvoir réaliser de nouvelles choses. Mais si cette phase dure trop longtemps, on peut voir alors apparaître des signes de démotivation et de découragement. Vous êtes consciemment incompétent et cela vous frustre. Alors, il faudra faire preuve de persévérance et s'accrocher !

On vous explique alors les règles de base de cette langue, on vous montre comment écrire et la logique pour écrire les mots et on vous apprend à dire quelques mots de vocabulaire... Vous avez maintenant la théorie mais vous ne savez toujours pas parler. La seule chose qui a changé, c'est que maintenant vous savez ce que vous ne savez pas faire.

Troisième étape : Je sais que je sais – Compétence consciente

Cette autre étape est le début « visible » du succès. C'est le moment où vous êtes capables de quelque chose mais devez néanmoins constamment y penser pour ne pas vous éloigner des techniques nouvellement apprises. Cette étape est celle de l'apprentissage pur et dur, celle où vous avez l'impression d'avoir le plus de résultats car vous en avez conscience. Vous commencez à comprendre de nouvelles choses, de nouveaux concepts, et vous vous améliorez avec la pratique.

Cette période est souvent la plus longue et celle qui demande le plus d'efforts car vous devez rester concentré, motivé, régulier dans les efforts pour y arriver. À la moindre baisse de concentration, vous êtes moins efficace et c'est normal.

Vous prenez des cours intensifs et arrivez maintenant à lire les journaux, à écrire, à dialoguer mais il faut quand même que vous soyez concentré. Vous avez encore tendance à réfléchir en français et à vouloir traduire.

Quatrième étape : Je ne sais plus que je sais – Compétence inconsciente

C'est la dernière étape, celle de la maîtrise, c'est-à-dire que vous arrivez à accomplir ce que vous avez appris, sans même y penser ! Vous agissez de manière automatique, les trois étapes précédentes ont donc porté leurs fruits. Vous êtes à l'aise dans cette nouvelle compétence. Vous êtes inconsciemment compétent. À ce moment, vous maîtrisez totalement une technique, une compétence, une aptitude ou une manière de penser.

Vous avez poursuivi vos cours et êtes allé plusieurs fois dans le pays pour pratiquer. Maintenant vous maîtrisez la langue, vous vous sentez très à l'aise et êtes même capable de faire des blagues (ce qui implique une bonne intégration de la culture). Il vous arrive même de rêver dans cette nouvelle langue. Vous êtes totalement fluent ! Vous parlez sans réfléchir en amont à la traduction.

→ Si vous pensez que vous risquez de ne plus être digne d'amour, en n'étant pas à la hauteur (de quoi et de qui ?) et que vous perdez ainsi de la valeur, mettez-vous dans la situation inverse.

Si l'un de vos proches commettait une erreur, l'aimeriez-vous moins ? La réponse est probablement non ! Vous continueriez à l'aimer. Alors pourquoi l'inverse ne serait-il pas vrai ? Les gens ne vous aiment pas pour votre perfection mais pour qui vous êtes avec vos failles et vos lumières.

La peur du jugement de l'autre est normale car nous sommes des êtres sociaux et derrière cette peur se cache un besoin d'être reconnu par le collectif, le clan, le groupe.

Mais accorder du poids à ce que les autres pensent de vous, c'est leur donner un pouvoir qu'ils n'ont pas à avoir sur vous et que certaines personnes mal intentionnées savent très bien utiliser.

Quand on ne s'autorise pas à être soi, c'est comme si on se rejetait soi-même. Cela en est presque paradoxal : parce qu'on craint le rejet de l'autre, on se rejette soi en niant ses besoins et ses envies. C'est, à y regarder de plus près, une attitude d'une violence inouïe vis-à-vis de soi-même. On s'envoie le message suivant : « je dois faire taire qui je suis réellement parce que la personne que je suis vraiment n'est pas assez bien pour être digne d'amour ».

À avoir trop peur du regard des autres, on n'ose donc plus être soi, on nie son identité et on vit plus pour les autres que pour soi. De là, les choix que l'on fait sont décalage avec nos besoins réels et nos valeurs. Certes, être désapprouvé n'est pas agréable et peut faire mal alors il est normal de préférer endosser le costume de quelqu'un que nous ne sommes pas pour se conformer et rentrer dans un moule. On pousse même le vice à s'autolimiter et se mettre des barrières si par hasard, l'envie de redevenir soi nous prenait.

Alors, comment se libérer de ce poids ?

D'une part, il faut comprendre que toutes les critiques ne sont pas à mettre aux oubliettes. Certaines peuvent avoir leur pertinence qu'elles soient positives ou négatives. Il faut savoir les accueillir sans se braquer en considérant qu'elles vont être l'opportunité de vous améliorer, de vous développer, de changer de point de vue. Il s'agit de vrais feedbakcs constructifs.

D'autre part, il faut rationaliser les choses :

- ✓ Vous ne pouvez pas plaire à tout le monde : même la plus grande star internationale a ses détracteurs. Donc autant rester qui vous êtes. En modulant ou en effaçant votre personnalité, vous ne serez pas apprécié pour qui vous êtes mais pour l'image que vous renvoyez (et même cette image peut être critiquée). De plus, vous ne serez pas apprécié pour les bonnes raisons. Soyez dans une relation authentique avec vous pour l'être aussi dans la relation à l'autre.

- ✓ Arrêtez de vous comparer surtout avec les réseaux sociaux qui nous biberonnent d'images hyper positives dans lesquelles on ne voit que le bon côté des choses. Mais ce sont des images très souvent fausses qui ne reflètent pas la réalité.

- ✓ Les gens ne voient en vous que les défauts qu'ils possèdent car ils critiquent par rapport à leur représentation de la réalité, de leur cadre de référence pour penser et agir. Ils projettent sur vous leurs propres peurs, tout comme les qualités que l'on admire chez l'autre sont souvent le reflet de celles que l'on a mais dont on n'a pas conscience.

- ✓ La critique peut-être aussi l'expression de la jalousie.

Réfléchissez à ce que cela vous coûte de vivre dans une vie qui ne vous ressemble pas ! Faites la balance entre le malaise ponctuel ressenti suite à une critique et l'inconfort permanent de ne pas être soi. Travaillez sur votre motivation pour faire des choix en connaissance de ce qui vous anime vraiment. Vous pouvez par exemple faire une liste de tout ce qui vous motive ou reprendre votre diagramme de Venn de l'Ikigaï par exemple.

Vous souhaitez creuser un peu plus sur ce point-là ? Connaissez-vous la technique des 5 why (des 5 pourquoi) ?

À l'origine, il s'agit d'une méthode de résolution de problèmes proposée dans un grand nombre de systèmes de qualité. Il s'agit de poser la question pertinente commençant par pourquoi afin de trouver la source, la cause principale d'une défaillance, d'un problème rencontré.

Je la détourne en coaching pour identifier les motivations profondes et les besoins fondamentaux d'un coaché : l'idée est simple mais puissante. Il suffit de vous demander cinq fois pourquoi. Chaque réponse à un « pourquoi ? » sert de base pour construire la question suivante. Dans la pratique, ce nombre de cinq n'est pas absolu mais un minimum de trois me semble nécessaire.

Par exemple dans le cadre d'un coaching sollicité par son directeur, une manager du secteur public que j'accompagnais avait d'énormes difficultés à obtenir une promotion professionnelle que ce soit par voie de concours ou par voie de promotion interne (donc sans concours, pour faire un raccourci rapide, on dira au mérite). Sa hiérarchie lui rétorquait qu'elle n'avait pas la bonne posture. J'étais face à une femme plutôt sérieuse, intelligente, motivée et je ne comprenais pas où résidait le problème. Pourtant cela faisait plus de quatre ans qu'elle stagnait alors qu'elle paraissait avoir un vrai potentiel ! Je décidai d'utiliser la « méthode des 5 why ».

Premier pourquoi : pourquoi n'arrivez-vous pas à obtenir votre promotion ?

Réponse parce que je rate mes concours alors que je les prépare.

Deuxième pourquoi : pourquoi ratez-vous vos concours alors que vous les préparez et que vous semblez avoir tout le potentiel ?

Réponse : parce que je me sens bloquée. C'est comme si je m'autosabotais.

En complément du deuxième pourquoi : à votre avis, pourquoi dites-vous que vous vous autosabotez ?

Réponse : je rends la moitié de ma copie sous forme de brouillon car je perds du temps à le rédiger alors que je maîtrise le sujet. Une autre fois, je pars en retard de chez moi et je ne suis pas autorisée à rentrer dans la salle… Cela fait quatre fois que je le passe et quatre fois que je le rate.

Troisième pourquoi : pourquoi vous autosabotez-vous ?

Réponse : je ne sais pas ! C'est comme si je ne voulais pas réussir au fond !

Quatrième pourquoi : pourquoi ne voudriez-vous pas réussir ?

Réponse : je ne veux pas devenir comme mon frère qui est ambitieux (ses dents rayent le parquet,). Il gagne beaucoup d'argent et au final, ça me dégoute. Ce n'est pas dans mes valeurs.

Cinquième pourquoi : pourquoi n'est-ce pas dans vos valeurs ?

Dans notre éducation stricte et assez marquée par la tradition catholique, gagner de l'argent est un facteur de division et de violence.

Grâce à ce cinquième pourquoi, je comprends que le problème est la relation à l'argent et non le potentiel ni la compétence de la coachée.

La méthode des cinq pourquoi permet d'arriver à la cause racine, à la vraie cause du problème, sous réserve de donner des réponses sincères et authentiques.

Éviter les suppositions : vous craignez le regard de l'autre car vous extrapolez sur ce que l'autre pourrait penser. Or, vous n'êtes pas dans la tête de l'autre.

Chacun a sa perception de la réalité avec ses peurs, ses valeurs, ses croyances, ses a priori, son expérience de vie… Chacun a sa propre vision du monde. Alors, pourquoi vous créer une anxiété concernant quelque chose dont vous n'êtes pas certain ? Et au lieu d'extrapoler et de faire des suppositions, pourquoi ne pas lui demander directement ?

Par ailleurs, si vous souhaitez ne plus être jugé alors, arrêtez également de juger les autres. Vous souhaitez que l'on ne vous critique pas alors que vous n'êtes pas en reste dans le domaine ? Rayonnez et inspirez plutôt que de critiquer et juger, n'est-ce pas un programme beaucoup plus attrayant ?

Enfin, si vous êtes critiqué, c'est que vous agissez.

En résumé, plutôt que de vous voir à travers le regard des autres et ne voir vos réussites et vos échecs qu'à travers leurs « lunettes », essayez d'être attentif à ce qui se passe en vous au niveau du corps (respiration, posture, tension, fatigue), du cœur (quelles émotions vous habitent : sont-elles positives, négatives ? Comment se manifestent-elles au niveau de mon corps ?) et au niveau de votre mental (Qu'est-ce que je pense de cette réussite ou de cet échec ?).

Prenez conscience de l'agitation que cause le pouvoir que vous avez donné à l'autre de guider vos choix de vie.

Développer ses points forts au lieu de réparer ses faiblesses

Vos forces et vos faiblesses font de vous quelqu'un d'unique. C'est cette combinaison qui fait que dans certaines situations vous allez être vous, différent des autres. Il est répandu de croire qu'il faut travailler sur ses faiblesses, pour les combler, voire les transformer en forces.

C'est une erreur de stratégie. Pourquoi ?

Misez sur vos forces est le meilleur moyen de développer rapidement sa compétence, son expertise car il s'agit souvent de talents naturels, de dons, de domaines sur lesquels vous prenez du plaisir, d'aptitudes, de connaissances que vous maîtrisez déjà. En effet, vos forces correspondent à ce que vous aimez et ce qu'il vous est facile et naturel de faire. Il sera donc à la fois plus efficace et plus agréable pour vous de travailler sur elles plutôt que d'essayer de corriger vos faiblesses alors que l'énergie déployée pour pallier les faiblesses serait considérabl. Quand vous êtes aligné, c'est-à-dire en cohérence avec qui vous êtes, vous développez avec une facilité qui vous étonnera vous-même une ultra-compétence, une expertise dans les domaines qui vous plaisent et qui font sens pour vous. Cela aura aussi pour effet de pulvériser vos peurs et vos inquiétudes. Vous n'aurez aucun doute d'être sur le bon chemin : le vôtre.

Utiliser ses forces régulièrement permet aussi de les consolider et de réfléchir à comment les utiliser de manière encore plus pertinente, en faisant travailler votre créativité.

Souvenez-vous qu'à chaque fois que vous décidez de vous acharner à travailler sur l'une de vos faiblesses, c'est du temps que vous ne pourrez pas consacrer à l'amélioration de vos forces et vous contrariez qui vous êtes.

Attention, je ne conseille pas de nier ses faiblesses ni de ne pas les gérer. Mais vouloir les changer en forces demande tellement d'énergie que cela en vaut il la peine ?

Selon moi, c'est de l'énergie utilisée à mauvais escient.

Même s'il est important de prendre conscience de ses points faibles pour être aligné, travailler sur nos faiblesses nous oblige à nous focaliser uniquement sur ce qui pose problème alors que l'on cherche plutôt à se focaliser sur le positif, en se rappelant que l'on a des qualités, des points forts, des atouts, des compétences, dans le but d'améliorer la confiance en soi et l'estime de soi.

Il est donc bien plus « rentable » et intéressant de développer ses forces et de les utiliser quotidiennement. Car c'est à travers l'optimisation des forces que l'on progresse le plus et le potentiel de réussite et d'épanouissement est alors décuplé.

Oser être soi

On se met nous-même nos limites et on prête trop d'attention au regard des autres. Vivez pour vous et pour ne pas être dans les cinq regrets les plus affirmés à la fin de votre vie.

Qu'est-ce que je veux être et avoir vraiment dans ma vie ? Sans clarté sur qui on est et ce que l'on veut, on erre sans direction. Certes on peut arriver quelque part mais on subit sa vie, en réaction, par rapport à des circonstances extérieures à soi et sans aucune proaction.

Suivre son chemin, c'est ne pas suivre les sentiers battus ni suivre les chemins de nos conditionnements du passé, des désirs intériorisés de notre entourage familial alors que cela ne correspond pas nécessairement à ce qui est important pour soi.

Pour inventer son chemin et tracer sa propre voie, il est nécessaire de prendre l'habitude de se reconnecter régulièrement à soi : avoir des moments de retour à « je suis dans l'écoute » plutôt que « je suis dans l'action ». Ainsi on se positionne dans un silence intérieur avec une curiosité bienveillante par rapport à la direction que l'on veut donner à son quotidien ou à sa vie.

Il faut oser se regarder intérieurement pour se demander ce qui est important pour soi et quelle direction on a envie de donner à sa vie. C'est un processus qui dépasse le mental (qui est plutôt une réponse à nos conditionnements) et qui oblige à allier le mental (la tête), le corps et le cœur.

C'est d'autant plus important lorsque l'on subit des pressions extérieures. Certes on ne pourra pas chambouler tout notre écosystème du jour au lendemain. Mais même sous des pressions extérieures, il va être important d'avoir ces moments de retour à soi pour se demander ce qui est vraiment important pour soi aujourd'hui. Plus la pression extérieure est importante, plus vous aurez la désagréable impression de subir et non d'agir, plus cela va être important de s'ancrer à soi.

Reconnaître sa capacité à se faire confiance permet de se mettre dans le bon état d'esprit pour trouver les moyens d'atteindre sa vision. Il s'agit en effet d'une volonté, d'une décision volontaire : soit on trouve des moyens pour atteindre son objectif, soit on se trouve des excuses.

Les circonstances dans lesquelles on se trouve ne déterminent pas notre état d'esprit mais c'est notre lecture de ces circonstances qui va affecter comment on va ressentir la situation d'une manière positive, négative ou neutre. Une même situation peut être perçue par une personne comme difficile ou douloureuse alors qu'une autre la vivra plus facilement.

Notre capacité à être dépend de notre capacité à considérer tout ce que nous avons. Si on se focalise uniquement sur ce que l'on n'a pas, sur ce qui ne va pas, sur ses problèmes, cela va alimenter un mal-être et donnera une vision du monde assez sombre.

Mais si l'on est capable de voir ce qui va bien, ce qui m'amène de la satisfaction, on va se sentir dans une bonne mouvance, dans une dynamique. C'est la positive attitude.

Ce que vous voulez entreprendre ou devenir a déjà été fait ? Ne soyez pas jaloux, aigri ni frustré, et inspirez-vous des expériences de ceux qui sont déjà passés par là et qui peuvent vous aider et vous faire gagner du temps. Les réseaux sociaux facilitent d'ailleurs beaucoup les mises en relation.

Convainquez-vous aussi que si ces personnes ont réussi, vous le pourrez également. Quand l'élève est prêt, le maître apparait ! Le maître peut être une personne inspirante mais aussi un livre, une citation qui va faire écho en vous.

Vous avez une idée innovante et personne n'y avait pensé jusqu'alors ? Ne vous bridez pas ! Pourquoi ne pourriez-vous pas être le premier ? Ne vous restreignez pas et cultivez de façon générale une sorte d'esprit de découverte qui permet d'être ouvert à l'autre, à la diversité, aux échanges, à l'innovation... Il faut juste être dans un état d'esprit d'apprentissage et d'accessibilité.

Essayez de vivre tout ce processus avec plaisir (discipline du plaisir). Cela sera d'autant plus aisé si vous êtes inspiré par votre Ikigaï. En effet, même si la vie vous réserve des embuches car elle n'est pas toujours un long fleuve tranquille, vous saurez les affronter.

Vous aurez une énergie élevée et l'agilité nécessaire pour rester dans le moment présent et garder le cap de votre objectif malgré les éventuels, aléas, obstacles, challenges. Transformer ses croyances, sortir de sa zone de confort, avancer parfois à contre-courant des autres n'a rien de confortable et c'est énergivore mais le résultat en vaut la peine et votre cercle vertueux de confiance sera activé à son maximum !

Empruntez votre propre route et ne vous comparez à personne. Ne réagissez pas par rapport à ce que les autres vont dire ni faire mais gardez la concentration pour continuer votre chemin. Chaque personne a son dialogue intérieur, à sa façon de vivre sa vie alors n'écoutez pas ceux qui soutiennent que votre projet est impossible, irréalisable, incongru ou ceux qui tentent de vous décourager. À chacun son parcours, à chacun sa quête.

Quand on suit son cœur, ses appels intérieurs, ses rêves, c'est comme si tout était possible et des cadeaux de la vie arrivent. Quand on est dans une situation de non-alignement, on n'entend plus, on ne voit plus, on ne capte plus les opportunités qui se présentent à nous. C'est la fameuse loi de l'attraction. Faites confiance à la vie et aux plans qu'elle vous réserve et qui, bien souvent, vous dépassent.

Les dix biais que nous empêchent d'oser être nous-mêmes

1. La peur du rejet : nous pouvons avoir peur que les autres ne nous acceptent pas si nous sommes authentiques et que nous révélions nos vrais sentiments et nos vraies opinions.
2. La peur de l'échec : si nous nous montrons tels que nous sommes vraiment, nous pourrions échouer et nous pourrions ne pas être capables de faire face à l'échec.
3. La comparaison sociale : nous avons tendance à nous comparer aux autres et à essayer de nous conformer aux normes sociales, même si cela signifie sacrifier notre authenticité.

4. **Le perfectionnisme :** nous pouvons avoir des attentes irréalistes envers nous-mêmes et nous mettre la pression pour être parfaits, ce qui peut nous empêcher de nous montrer tels que nous sommes vraiment.
5. **Les préjugés internes :** nous avons tous des préjugés internes sur nous-mêmes, comme penser que nous ne sommes pas assez bien ou que nous n'avons pas de valeur, ce qui peut nous empêcher de nous montrer authentiques.
6. **La peur de l'inconnu :** si nous sommes nous-mêmes, nous ne pouvons pas prédire comment les autres vont réagir, ce qui peut nous rendre anxieux.
7. **La pression sociale :** nous pouvons sentir une pression de la part de notre entourage pour nous conformer à certaines normes sociales, même si cela signifie ne pas être nous-mêmes.
8. **Les expériences passées :** si nous avons été rejetés ou critiqués dans le passé pour avoir été nous-mêmes, cela peut nous amener à éviter de nous montrer authentiques à l'avenir.
9. **La peur de perdre le contrôle :** si nous sommes nous-mêmes, nous ne pouvons pas contrôler la façon dont les autres vont réagir ou nous percevoir, ce qui peut nous rendre anxieux.
10. **La peur de l'intimité :** si nous sommes nous-mêmes, nous pourrions devenir plus vulnérables et plus intimes avec les autres, ce qui peut être effrayant pour certaines personnes.

À votre avis, quels sont vos biais ?

_____

_____

Comment s'en détourner ?

1. **La peur du rejet :** essayez de vous rappeler les moments où vous avez pris des risques dans votre vie et comment cela a porté ses fruits. Prenez note de vos réalisations passées et des moments où vous avez été accepté. Réalisez que le rejet fait partie de la vie et qu'il n'y a rien de mal à être vous-même.

2. La peur de l'échec : faites une liste des choses que vous aimeriez accomplir mais que vous ne faites pas en raison de la peur de l'échec. Essayez de trouver une petite étape que vous pouvez faire dès maintenant pour avancer vers cet objectif. Rappelez-vous que l'échec est une partie normale du processus d'apprentissage.
3. La comparaison sociale : prenez un moment pour vous concentrer sur vos propres réalisations et vos propres valeurs. Essayez de vous rappeler que tout le monde a ses propres luttes et ses propres défis. Cherchez à être authentique en accord avec vos valeurs plutôt que de chercher à vous conformer aux normes sociales.
4. Le perfectionnisme : essayez de vous concentrer sur l'effort plutôt que sur le résultat final. Prenez le temps de célébrer vos progrès et les petites victoires que vous accomplissez chaque jour. Apprenez à vous accepter avec vos imperfections.
5. Les préjugés internes : essayez de vous concentrer sur vos propres forces et vos réalisations. Écrivez une liste de vos forces et lisez-la tous les jours pour vous rappeler votre valeur.
6. La peur de l'inconnu : faites une liste des situations inconnues que vous avez affrontées dans le passé et que vous avez réussi à surmonter. Utilisez ces expériences pour vous rappeler que vous êtes capable de faire face à l'inconnu.
7. La pression sociale : essayez de vous entourer de personnes qui vous acceptent tel que vous êtes et qui vous encouragent à être vous-même. Évitez les personnes qui vous mettent la pression pour vous conformer à certaines normes sociales.
8. Les expériences passées : essayez de vous concentrer sur le présent et le futur plutôt que sur le passé. Utilisez les leçons que vous avez apprises de vos expériences passées pour vous aider à avancer.
9. La peur de perdre le contrôle : pratiquez la pleine conscience pour vous aider à vivre dans le moment présent et à accepter les choses telles qu'elles sont.
10. La peur de l'intimité : essayez de vous concentrer sur les avantages de l'intimité et de la connexion avec les autres. Pratiquez l'ouverture émotionnelle en partageant vos pensées et vos sentiments avec les autres.

EXERCICE

Je rédige la liste de mes rêves (en m'accordant toutes les permissions même si cela me parait futile ou stupide) :

_____

_____

_____

_____

Se reconnecter à soi-même

Alors, comment faire pour se reconnecter à soi-même ? D'une part, la prise de conscience de ses messages contraignants, de ses petites voix internes (voir test en fin de livre) va y contribuer et d'autre part, voici quelques questions qui peuvent également vous accompagner dans cette démarche de (re) conquête de soi, sous réserve que vous soyez dans le parler vrai et authentique avec vous-même.

EXERCICE

La reconquête de soi en quatre étapes : répondez aux questions suivantes :

Comment je me sens maintenant ? Quels sont mes états internes ? Quels sont mes ressentis physiques et émotionnels ? Quelle est leur intensité ?

_____

_____

Quel est mon besoin dans cette situation ? À quoi est-ce que j'aspire ? Qu'est-ce qui est vraiment important pour moi dans cette situation ? De quel besoin fondamental me parle cette émotion ?

_____

_____

Quelle(s) action(s) (venant de moi ou d'une tierce personne) pourrai(en)t satisfaire ce besoin ? Ai-je plusieurs alternatives pour y répondre ?

_____

_____

Comment est-ce que je me sens après cette écoute de moi ?

_____

_____

La reconquête de soi, c'est aussi étudier où est notre curseur de confiance en soi.

Le philosophe Emerson écrivait : « La confiance en soi est le premier secret du succès ». Il est vrai que nous admirons souvent ceux qui ont une confiance en eux infaillible et ce, d'autant plus si nous sommes timides et doutons de nos capacités intellectuelles ou émotionnelles.

C'est par la connaissance de soi qu'un individu pourra faire les choix qui lui correspondent.

Comment faire ?

Étape 1 : définir le plus clairement possible votre objectif final, si l'objectif est trop flou, vous ne vous l'atteindrez jamais... N'hésitez pas à utiliser la méthode SMARTE que je détaille ci-après.

Étape 2 : découper cet objectif en plusieurs petites étapes : « sous- objectifs ».

Étape 3 : Passez à l'action en commençant par vos petits pas, la réalisation du premier sous-objectif ! Vous avez lancé la machine !

Étape 4 : Fêter et valoriser chaque sous-objectif atteint.

Étape 5 : Bravo à vous, vous avez réussi ! Et au-delà d'avoir atteint votre objectif, vous avez pris conscience de vos capacités à réaliser vos envies, vos projets...

Soyez vous-même : il n'y a rien de pire que de vouloir ressembler à quelqu'un d'autre car dans ce cas, vous n'êtes plus vous-même. Alors, définissez-vous vous-même sinon ce sont les autres qui vous définiront.

« Soyez vous-même ; les autres sont déjà pris ». Cette citation d'Oscar Wilde met en exergue une question essentielle, existentielle à laquelle on se doit de répondre : qui suis-je ?

Le chemin est parfois long et laborieux pour se connaître, s'assumer et ne pas avoir peur d'être soi-même avec les autres.

Mais qu'est-ce que cela signifie, au fond, être soi-même ? La philosophie nous enseigne que c'est obligatoirement être différent des autres, tout simplement en vertu d'une identité propre. C'est aussi lorsque le moi intérieur est en accord avec l'image qu'il renvoie à l'extérieur. Être sincère avec soi-même, se connaître et se faire connaître à autrui de façon honnête, sans jouer un rôle ni se cacher.

Je dis souvent : « Il y a 1000 façons d'être coachs mais il y en a 999 qui ne sont pas moi ! ».

Pour ma part, ce qui m'a aidée à avancer dans le chemin de la connaissance de moi-même et l'acceptation de mon caractère unique :

- ✓ Arrêter de me comparer aux autres. Chaque personne a reçu des dons et de talents différents, il y a des intelligences multiples. Comme le disait Einstein, « si vous jugez un poisson sur ses capacités à grimper à un arbre, il passera sa vie à croire qu'il est stupide ». La comparaison mène souvent à la critique d'autrui, à l'orgueil ou encore à un dénigrement de soi. J'ai compris qu'il ne fallait pas essayer à tout prix d'être comme les autres mais plutôt de rechercher en moi ce qui me rendait unique, ce que je pouvais apporter à ce monde, à mon échelle, en respectant ma singularité.

- ✓ La seconde étape a été de comprendre qu'il était inutile (et surtout épuisant !) de vouloir toujours et à tout prix plaire à tout le monde. Il y aura toujours quelqu'un pour nous critiquer, quoi que nous fassions. Il y aura toujours quelqu'un qui ne nous aimera pas. Si je change pour m'adapter à un groupe social, c'en est un autre qui va me rejeter ! Apprendre à être acceptée telle que j'étais sans avoir peur du regard d'autrui a été difficile mais m'a permis de me libérer petit à petit d'un carcan que je me fabriquais moi-même finalement.

- ✓ Le troisième point rejoint un peu le premier dans le sens où le fait de cesser de me comparer aux autres et d'assumer ma personnalité m'a permis de trouver ma place et de m'y épanouir, en prenant en compte ma vocation propre et mes talents. J'ai ainsi pu trouver mon Ikigaï. Cela m'évite également d'avoir une peur démesurée de l'échec et d'attendre que tout soit parfait pour agir. Il faut savoir prendre des risques et avancer : l'important c'est de toujours chercher à donner le meilleur de soi et d'oser rêver grand !

> « Il faut toujours viser la lune, car même en cas d'échec,
> on atterrit dans les étoiles ».
> Oscar Wilde

Qu'avons-nous à perdre en étant nous-mêmes finalement ? Des amis ? Si nous les perdons, c'est qu'ils n'étaient pas vraiment des amis.

Mais, être soi-même ne signifie pas écraser les autres, s'affirmer orgueilleusement, ni être impoli, discourtois ou supérieur vis-à-vis d'autrui. Cela signifie plutôt accepter avec humilité nos qualités, nos défauts, nos talents, nos limites, nos forces et tâcher d'en tirer le meilleur.

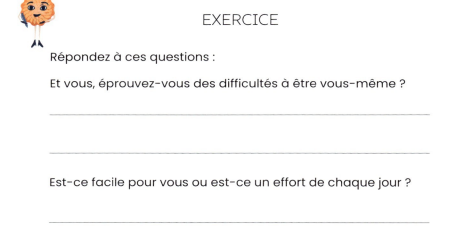

EXERCICE

Répondez à ces questions :

Et vous, éprouvez-vous des difficultés à être vous-même ?

_____

_____

Est-ce facile pour vous ou est-ce un effort de chaque jour ?

_____

_____

Savoir poser des objectifs pour atteindre son projet de vie

La notion de projet est généralement associée à un objectif, une stratégie (ou plan d'actions) et aux moyens et ressources que l'on va pouvoir mobiliser selon un calendrier défini à l'avance. Le plan d'actions définit votre stratégie pour atteindre votre objectif et les moyens nécessaires. Un plan d'actions vous aidera à structurer et à visualiser les étapes pour la réalisation de votre projet.

Il est important de l'écrire, un peu comme un pacte entre vous et vous.

Il s'inscrit dans un processus en trois temps comprenant une phase d'élaboration, une phase de mise en œuvre et une phase de suivi et d'évaluation.

Utiliser la méthode SMARTE pour bien définir vos objectifs comme nous le fait comprendre un diction chinois que j'aime beaucoup : « parler ne fait pas cuire le riz ».

SMARTE est un acronyme mnémotechnique pour définir vos objectifs de manière efficace. Vous allez pouvoir entrer dans l'action et atteindre vos objectifs que s'ils sont bien fixés en amont.

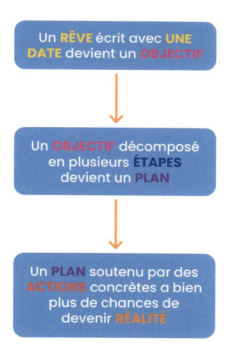

Que veut dire cet acronyme SMARTE ?

S pour Spécifique : l'objectif fixé est le vôtre et pas celui issu de la projection de votre entourage et il doit être clair, précis et détaillé.

M pour Mesurable : il faut pouvoir mesurer l'état d'avancement ou l'atteinte d'un objectif donc fixer des indicateurs pour vérifier s'ils sont atteints, partiellement atteints ou non atteints.

A pour Atteignable : l'ambition a du bon mais il faut savoir aussi être en lien avec le principe de réalité donc ne vous fixez pas la barre trop haut ! Un objectif inatteignable n'est pas attractif et risque d'être vite source de démotivation. Vous atteignez trop rapidement/facilement l'objectif ? Top ! Vous pouvez vous en fixer un autre ! De surcroît, vous activez le cercle vertueux de la confiance en soi.

R pour Réaliste et réalisable : si l'objectif est réaliste alors la motivation reste forte. Alors que s'il est irréaliste, farfelu, trop loin de nous, cela nous obligera à mobiliser une énergie folle pour rester motivé. Par ailleurs, il faut se donner les moyens de ses ambitions.

T pour Temporel : chaque objectif doit être défini dans le temps avec une durée précise, une date butoir et surtout des étapes. Commencez par déterminer les grandes étapes qui vont jalonner votre

E pour écologique : c'est-à-dire respectueux de votre équilibre interne et externe

 Un exemple SMARTE

⋏⋏ « Je veux apprendre l'espagnol » **n'est pas un objectif SMARTE** car je n'ai pas défini ce que voulait vraiment dire « apprendre l'espagnol ». Il faudrait préciser le niveau que je souhaite atteindre, et en combien de temps.

Je veux être en mesure de participer sans difficulté à une conversation avec des Espagnols d'ici un an et demi en prenant des cours le samedi matin pendant que les enfants sont à l'école » **est un objectif SMARTE !** Il comprend un délai, un niveau d'exigence et les moyens mis en œuvre pour atteindre l'objectif.

À votre tour, transformez un de vos objectifs en objectif SMARTE.

Mon objectif global _____

_____

Mon objectif décliné avec la méthode SMARTE :

Spécifique _____

Mesurable _____

Atteignable _____

Réaliste _____

Temporel _____

Ecologique _____

Que remarquez-vous en déclinant ainsi votre objectif global en objectif SMARTE ?

_____

La méthode SMARTE incite bien plus à l'action et oblige à se confronter au concret pour atteindre l'objectif souhaité. Parfois, elle peut permettre de prendre conscience que l'objectif est irréaliste, utopique.

CE QUE JE RETIENS DE CE CHAPITRE COMME INGRÉDIENT ESSENTIEL POUR MOI :

_____

_____

_____

_____

CONTE À MÉDITER

Revenons à nos amies grenouilles sans vouloir les faire bouillir dans une casserole cette fois-ci :

Une bande de grenouilles décida d'organiser une course. L'enjeu était d'être la première à arriver tout en haut d'une tour très haute.

Dès que la nouvelle de la course se répandit dans le village, des tas de grenouilles curieuses se rassemblèrent pour voir et soutenir les concurrentes.

Pleines de courage et de motivation, les candidates se placèrent sur la ligne de départ et commencèrent à grimper.

Mais très vite, les grenouilles du public se mirent à faire des commentaires décourageants et négatifs : « Elles n'y arriveront jamais ! », « Elles sont bien trop lentes ! »

Au bout de quelques minutes, certaines grenouilles en course se sentirent démotivées et abandonnèrent. Celles qui persévérèrent finirent par succomber à la fatigue.

Alors qu'il ne restait que quelques grenouilles en lice, les commentaires des grenouilles spectatrices reprirent de plus belle : « Pour qui se prennent-elles, si c'était possible, nous l'aurions déjà fait ! » dirent certaines. « On n'a jamais vu pareille sottise, les grenouilles ne sont pas faites pour grimper ! » dirent d'autres.

Au fil du temps, les dernières concurrentes firent gagner par le découragement.

Toutes. Sauf une.

Cette dernière grenouille grimpait lentement, sans relâche, tandis qu'autour d'elle les commentaires se faisaient de plus en plus négatifs : « Descends, tu n'y arriveras jamais ! ». « Tu es ridicule ! ».

Pourtant, la petite grenouille continua à avancer, lentement mais sûrement, sans faiblir.

Après un dernier effort, elle finit par gagner le sommet. Toutes les autres grenouilles se précipitèrent autour d'elle pour savoir comment elle avait fait pour réaliser ce que personne au monde n'avait encore jamais fait. L'une d'entre elles s'approcha pour lui demander sa recette.

C'est alors qu'elle découvrit que la petite championne était sourde...

CE QUE JE RETIENS DE CE CHAPITRE POUR MOI :

Chapitre 5

Savoir dire non, c'est savoir dire oui à SOI

S'affirmer

EXERCICE

De façon générale, pensez-vous savoir dire non ou mettre des limites facilement ? Si vous répondez non. D'une part, cela prouve que vous savez dire ce petit mot de trois lettres ; je vous propose d'écrire ce qui vous empêche, selon vous, de dire non.

_____

_____

_____

_____

C'est une lapalissade mais fixer les limites avec soi et son entourage est difficile par peur du regard de l'autre, de passer pour un méchant, un « pas sympathique », pour faire plaisir, pour ne pas passer pour le mauvais parent ou pour éviter une dispute avec le partenaire, par peur d'être exclu de son écosystème et donc de ne pas être aimé.

Le fait de ne pas savoir dire non est souvent lié à des croyances très profondes à propos de nous et des autres. Il y a des blessures : rejet, abandon, trahison, le fait de ne pas se sentir assez... C'est très lié au manque de confiance et d'estime de soi, à notre représentation de la notion de bien et de mal.

Cela peut être aussi la difficulté de trancher entre le besoin qui nous ferait dire oui et celui qui nous ferait dire non ou la croyance que les besoins de l'autre sont plus importants que nos propres besoins.

Nous avons tendance à associer ce petit mot de trois lettres à des choses négatives et parfois s'invite avec lui un sentiment de culpabilité : je ne suis pas à la hauteur, je suis égoïste, ça ne se fait pas de dire non. Dire non, c'est aussi renoncer au pouvoir que je peux avoir pour combler l'autre.

Je peux craindre aussi qu'en disant non, je prenne le risque que l'autre m'aime moins comme si refus voulait dire rejet. Par conséquent, on va s'entendre dire oui (même si on voulait dire non) pour se rendre à une invitation alors que l'on est vraiment fatigué et que l'on serait mieux dans son lit. On va céder devant Charlie, le petit dernier qui veut jouer avec la tablette alors que la règle familiale est en principe : pas de tablette après 20 h 30. On va dire : « pose le dossier sur mon bureau, je m'en charge », alors qu'on est déjà débordé.

C'est aussi une stratégie pour éviter les conflits, pour avoir la paix, pour être tranquille : on l'a tous fait au moins une fois avec un enfant par exemple.

Toutes ces répercussions imaginées du NON ne sont que des croyances que nous avons et qui limitent notre capacité d'agir et bâillonnent l'écoute de nos besoins profonds. Ils constituent des signes du manque d'affirmation de soi.

À ce propos, Christophe André, distingue trois types de manifestations du déficit assertif : les manifestations comportementales, émotionnelles et psychologiques. Parmi les manifestations comportementales du manque d'affirmation de soi, se trouve justement le fait de ne pas oser dire NON.

Cela correspond aussi à d'autres types de comportement comme ne pas oser déranger, ne pas oser demander une explication, ne pas avouer que l'on ne sait pas ou que l'on n'a pas compris. Émotionnellement parlant, cette négation de soi entraine de la frustration, de la colère, de la tristesse, de la culpabilité.

Tous ces faux « oui » ne respectent pas nos besoins et engendrent des conséquences sur nous-mêmes, nos interactions avec l'autre et notre motivation. Ils créent des tensions internes inutiles et contribuent à la perte d'estime de soi.

L'être humain a deux types de limites : des limites aidantes et des limites « freins » à l'atteinte de ses envies, de ses objectifs. C'est un peu l'image du petit ange et du petit diablotin dans les dessins animés. Voyez-vous ?

Savoir dire non, c'est réussir à poser une limite aidante, comme une barrière mise en place autour de nous pour fixer des règles de fonctionnement avec notre écosystème. C'est aussi reprendre du pouvoir personnel. Au final, c'est se respecter et respecter les autres car cela contribue à développer notre authenticité et à être en cohérence avec nous-même.

Quand on y réfléchit, une personne qui sait dire non tout en restant ferme mais courtoise sera plus respectée qu'un individu qui dit oui à tout. La crainte du jugement de l'autre nous incite à agir pour recevoir un avis favorable et on aimerait tellement s'entendre dire des autres : « tu es vraiment sympa », « tu es vraiment serviable », « tu es gentil ».

Mais que remarquez-vous quand vous lisez ces petites phrases ? N'hésitez pas à les relire.

Elles ont une connotation péjorative : il est curieux de constater ô combien avec le temps ces mots « sympa », « serviable », « gentil », et bien d'autres termes, qui à l'origine étaient des expressions de qualité, sont désormais entendus comme « niais », « faible », « sans personnalité ».

Par conséquent, dire oui en pensant être bien vu de l'autre peut-être une mauvaise stratégie. Sortez de ce que j'appelle la logique Tripadvisor à attendre plus ou moins consciemment des avis positifs et soyez VOUS !

De façon générale, cette attitude de « oui oui » se manifestera aussi bien dans la sphère professionnelle que dans la sphère personnelle. Malheureusement, votre environnement en usera et en abusera.

Alors le plus simple n'est-il pas de rester soi ?

Ne pas écouter ses besoins présente de nombreux impacts négatifs : stress, épuisement, mauvaise communication, rancune, frustration, gêne, non-alignement, culpabilité envers soi et surtout c'est un piège dans lequel nous nous enfermons qui nuit à la sincérité de la relation à l'autre et de la relation à soi. C'est aussi générateur de colère et de rejet de la responsabilité sur l'autre.

Il est donc important de refuser parfois de faire une action, notamment dans le but de se préserver et renforcer la confiance en soi.

Il s'agira alors de savoir dire non à temps, de manière positive, sans chercher à nuire à l'autre, de manière constructive et sans rompre l'interaction avec la personne qui reçoit le refus.

On ne dit pas non pour faire du mal à l'autre mais pour se faire du bien à soi, être aligné avec soi et justement pouvoir lui offrir un oui sincère et volontaire à un autre moment.

Dans cette compétence à soi, il y a d'une part à clarifier quelles limites (aidantes) nous souhaitons poser à l'autre, quel curseur nous choisissons (et il est évolutif) ; d'autre part, à apprendre une façon assertive pour dire non de façon à ne pas nier l'écoute des besoins de l'autre tout en exprimant les siens.

Pour le premier point, prenez le temps de répondre en tout honnêteté avec vous à ces différentes questions :

- Dans quelles situations j'ai tendance à dire oui alors que je n'en ai pas réellement envie ? Dans quelles circonstances je dis oui avec la tête et non avec le cœur ?
- Dans quelles situations je ressens une baisse d'énergie et une négation de mes besoins en disant oui à la sollicitation de l'autre ?
- Concrètement, quelles limites je pose aux autres ?
- Quel périmètre je m'accorde pour me sentir respecté tout en respectant l'autre ?
- Quelles limites me permettent d'être en accord avec moi-même et quelles sont celles qui ont l'effet inverse ?
- Quelles limites une fois posées me permettraient de me sentir grandir et avancer vers mes objectifs et mon bien-être ?
- Comment je réagis quand une personne outrepasse mes limites ? Et quels ajustements je mets en place pour revenir à une situation d'alignement ?
- Comment je pose des limites sans culpabiliser ?

Au final, il s'agit d'une introspection à la découverte de vos besoins réels pour déterminer un garde-fou comportemental qui permettra leur protection. Bien évidemment ces besoins évoluent et des adaptations régulières seront nécessaires.

Vous ne réussissez vraiment pas à poser ces limites, posez-vous les questions suivantes :
- En quoi est-ce un problème pour moi de ne pas réussir à dire non ?
- Quel est l'enjeu pour moi de la situation ?
- Est-ce dans des situations particulières que j'éprouve des difficultés à dire non ?
- Qu'est-ce que je ressens précisément quand j'ai dit oui alors que je pensais non ?
- Quelle action pourrais-je mettre en place sur une des situations que j'ai identifiée pour commencer à oser dire non ? Il n'est pas nécessaire de tout chambouler dans votre comportement. Commencer par des petites choses. Comme je le dis souvent aux coachés que j'accompagne (et à mes enfants aussi d'ailleurs) : savez-vous comment on mange un éléphant ? … réflexion… à la petite cuillère !

Alors goutez à une première petite cuillère de non, en posant une petite limite et savourez le plaisir et la légèreté d'avoir réussi à écouter vos besoins et d'avoir été en phase avec vous-même.

Vous vous sentez en colère parce qu'encore une fois, vous n'avez pas su dire non ? La colère n'est qu'une soupape qui dissimule souvent d'autres émotions. En identifiant les besoins qu'elle exprime, on se rend compte qu'elle peut révéler de la tristesse, de la peur, de l'impuissance. Exprimer sa colère nécessite la capacité de prendre en compte ses besoins.

Essayez de travailler sur votre colère de la manière suivante :

Je suis en colère contre moi-même car en disant oui à _____

_____

j'ai dit non à mon besoin de _____

Vous pouvez aussi utiliser la règle des 3 oui pour « interroger » votre « oui ».

Quand vous avez répondu oui à une sollicitation,

→ Était-ce un oui **authentique** ? Avez-vous réellement prononcé le mot oui ou bien était-ce une périphrase floue qui laisse consciemment ou inconsciemment planer le doute sur votre accord auprès de l'interlocuteur ? Avez-vous réellement dit oui avec la tête, le corps et le cœur ?

→ Était-ce un oui **informé** ? La personne vous a-t-elle bien expliqué ses attentes et ses intentions ? Avez-vous eu la complétude des informations par rapport à la situation ? Avez-vous tous les éléments pour comprendre cette situation ?

→ Était-ce un oui **libre** ? Avez-vous eu vraiment le choix ? Aviez-vous la capacité de dire non ? Ou bien avez-vous eu l'impression d'être sous une pression quelconque ?

Dire non nécessite de se respecter suffisamment pour se donner des droits face aux autres, de prendre le risque de déranger son interlocuteur ou de lui déplaire et enfin d'abandonner la croyance que s'affirmer c'est agir aux dépens, au détriment de l'autre.

Un autre obstacle est l'illusion que les autres savent ce que nous voulons, pensons, aimons, détestons, ce qui nous dispense de faire des demandes.

Enfin, savoir refuser, dire non est une nécessité. Notre oui n'a de valeur que si nous pouvons dire non.

Le triangle de Karpman

Mais savoir refuser n'est pas facile et entraine souvent la culpabilisation parce que l'on a envie de faire plaisir aux autres, de se sentir utile, d'être bien vu et de sauver le monde entier.

Il faut donc réussir à sortir d'une position de victime ou de sauveur dans laquelle on se place, positionnant l'autre alors en persécuteur. C'est la fameuse relation nocive triptyque théorisée par Stephen Karpman, psychologue.

Si on prend assez de recul dans nos relations interpersonnelles, on peut assez facilement se rendre compte que nous avons tendance à entrer dans ce jeu psychologique perdant-perdant. On remarque alors que nous avons une préférence de positionnement (attitudes répétées).

Il s'agit d'une erreur émotionnelle que de se laisser entrainer dans un des trois rôles suivants dont on n'a pas toujours conscience :

- **Sauveteur ou sauveur**, nous faisons pour les autres des choses que nous n'avons pas envie de faire et qu'ils devraient faire par eux-mêmes (mais on n'a pas su dire non !).
  Ses réponses favorites face à une demande seront : « Je suis occupé mais je vais le faire quand même. », « d'accord, je fais ça pour toi », « laisse-moi m'en occuper », « ok ! Je vais régler ça ! », « je l'ai fait pour toi ».
  Les sauveurs se plaignent d'être sauveurs et en souffrent : c'est un paradoxe.

- **Persécuteur**, nous nous mettons en colère et allons nous montrer parfois de mauvaise foi. Convaincus de notre bon droit, nous attaquons les autres, souvent ceux-là même que nous avons tenté de sauver (parce que l'on n'a pas su dire non et que l'on reporte la responsabilité sur la personne qui nous a sollicités plutôt que de l'endosser). Ses réponses fréquentes seront : « Tu ne fais jamais rien comme il faut » ; « Tu es un incapable, tu ne vaux rien », « Tu ne comprends pas, je n'arrête pas de te le répéter. Tu es bête ou quoi ? ».

- **Victime**, nous laissons un sauveteur prendre soin de nous ou un persécuteur nous attaquer, tout en nous plaignant que nous n'y pouvons rien. Nous nous laissons imposer une action que l'on ne voulait pas faire, voire parfois recevoir des reproches si cela n'est pas fait comme il faut parce que l'on n'a pas su dire non.
Ses réponses favorites seront « regarde ce que tu m'as fait faire ! », « Regarde comme j'ai essayé de… », « À cause de toi, je n'en peux plus… », « Je n'avais pas compris que… », « Je fais tout comme il se doit mais il/elle n'est jamais satisfait(e) », « C'est plus facile pour vous, moi je n'ai jamais de chance »

Tous les jours, dans notre vie privée et professionnelle, nous tombons dans l'un ou l'autre de ces rôles et générons ainsi un cercle (ou plutôt un triangle) vicieux.

Dans ce cadre, les relations sont non épanouissantes et peuvent même devenir destructrices.

Une solution simple pour se sortir de ce triangle dramatique ? Dire non, ne plus assumer votre rôle afin de sortir de ce mode déconstructif qui ne respecte ni vos valeurs ni qui vous êtes et essayer de comprendre pourquoi vous tenez ce rôle.

Vous avez tendance à vous plaindre ? Redevenez acteur de votre vie : prenez conscience de votre passivité face à la situation, responsabilisez-vous et ne vous posez plus en victime car retenez que sans victime consentante, il n'y a pas pas de persécuteur.

CONTE À LIRE

Un jour, les employés d'une grande entreprise de St.Louis, dans le Missouri, de retour de leur pause déjeuner, trouvèrent un panneau accroché sur la porte d'entrée. Sur ce panneau était écrit : « La personne qui a entravé votre avancement dans cette entreprise est décédée hier. Nous vous invitons à vous présenter aux funérailles dans la salle 4 B. »

Les membres du personnel se désolèrent de la nouvelle. La désolation céda rapidement la place à une certaine forme de curiosité.

Les employés arrivèrent à la salle 4B au compte-goutte.

Une seule question occupait les esprits : « Qui est donc cette personne qui entravait mes progrès ?... Eh bien, au moins il ou elle n'est plus là ! »

Les employés se rapprochèrent du cercueil, les uns après les autres. Ils regardèrent l'intérieur du cercueil et s'en éloignèrent, sans voix. Ils se trouvaient tous en état de choc. C'était un peu comme si quelqu'un avait su toucher la partie la plus intime et profonde de leur âme.

Il y avait en réalité un miroir à l'intérieur du cercueil : tous ceux amenés à regarder à l'intérieur se heurtaient à leur propre reflet. Un panneau accroché au cercueil indiquait également : « Il n'y a qu'une seule personne capable de fixer des limites à votre développement personnel : c'est VOUS.

Vous êtes la seule personne capable de révolutionner votre existence. Vous êtes la seule personne qui ait le pouvoir d'influencer votre bonheur, votre cheminement personnel et votre succès. Vous seul pouvez vous venir en aide. Vous pouvez seul décider de ne plus être victime.

Demandez-vous dans quelles situations vous avez tendance...

- à vous poser en victime ?
- à vous sentir impuissant ?
- à accuser les autres ?
- à être incapable de dire non ?

Vous avez tendance à sauver les autres ? Vous devez vous rappeler qu'aider n'est pas sauver et vous demander lorsque vous allez dire oui :

- si la personne que vous aidez vous a fait une demande,
- si l'effort est partagé ou si vous allez tout faire seul,
- et si vous avez bien défini la limite de cette aide.

Demandez-vous pourquoi vous vous posez en sauveur ?

- Pour vous prouver que vous êtes quelqu'un de bien ?
- Pour vous prouver que les autres ont besoin de vous ?
- Pour vous prouver que vous êtes nécessaire et utile ?
- Pour être aimé ?
- Pour éviter de penser à vous et ne pas vous sauver vous-même ?

Vous avez tendance à être agressif parce que vous reportez votre colère contre vous-même sur l'autre ? Vous devez veiller à modérer votre colère lorsque vous êtes mécontent de vous-même et réussir à communiquer sans être agressif. Cherchez la source de votre frustration pour comprendre le besoin non satisfait.

Demandez-vous dans quelles situations vous avez tendance...

- à vous montrer irritable ?
- à ressentir de la colère ?
- à utiliser vos émotions pour mettre l'autre en difficulté ?

Connaissez-vous le triangle du gagnant ?

C'est une alternative positive et constructive au triangle de Karpman. Le triangle du gagnant met en avant trois rôles différents de ceux que nous venons de voir : celui de créateur, de coach et de joueur.

Le créateur est celui qui est responsable de sa propre vie et prend des décisions éclairées pour atteindre ses objectifs.

Le coach est un mentor qui aide le joueur à atteindre ses objectifs en lui fournissant des conseils et un soutien.

Le joueur est celui qui joue le jeu de la vie, qui accepte la responsabilité de ses choix et qui prend des mesures pour atteindre ses objectifs.

Pour utiliser le triangle du gagnant, vous devez prendre conscience de votre rôle dans chaque situation et apprendre à adopter le rôle approprié pour atteindre vos objectifs. Vous pouvez commencer par examiner les différentes situations de votre vie, en identifiant les moments où vous êtes en train de jouer le rôle de la victime, du sauveur ou du persécuteur, et en cherchant à les transformer en situations gagnantes.

Par exemple, si vous vous sentez victime d'une situation, vous pouvez vous poser la question : « Comment puis-je devenir créateur de ma propre vie dans cette situation ? » Si vous êtes tenté de jouer le rôle de sauveur, vous pouvez vous demander : « Comment puis-je aider cette personne à devenir créatrice de sa propre vie ? » Et si vous vous trouvez dans une situation où vous avez envie de persécuter quelqu'un, vous pouvez vous poser la question : « Comment puis-je agir comme un coach pour aider cette personne à devenir créatrice de sa propre vie ? »

Voici quelques exercices et astuces pour vous aider à activer le triangle du gagnant et à éviter le triangle dramatique :

EXERCICE DE L'INTROSPECTION

Prenez quelques minutes chaque jour pour réfléchir à votre journée et à la façon dont vous avez interagi avec les autres. Identifiez les moments où vous avez joué l'un des rôles du triangle dramatique et cherchez à les transformer en situations gagnantes en utilisant le triangle du gagnant.

Astuce de la communication : évitez les jugements et les étiquettes lorsque vous parlez des autres. Au lieu de cela, concentrez-vous sur le comportement et les actions spécifiques et cherchez à comprendre les besoins et les motivations des autres.

EXERCICE DU JOURNAL

Tenez un journal de vos interactions avec les autres et notez les moments où vous avez réussi à adopter le rôle du créateur, du coach ou du joueur. Cela peut vous aider à prendre conscience de vos schémas comportementaux et à les modifier si nécessaire.

Astuce de la question : Posez des questions ouvertes aux autres pour les aider à explorer leurs besoins et leurs objectifs. Évitez les questions fermées qui peuvent limiter les choix de l'autre personne.

En utilisant le triangle du gagnant et en pratiquant ces exercices et astuces, vous pouvez apprendre à sortir du triangle dramatique et à créer des relations positives et constructives avec les autres.

Apprendre à s'affirmer augmente immanquablement notre estime de soi. Cependant, à partir du moment où vous aurez appris à le faire, vous aurez le choix. Parfois, vous choisirez de ne pas vous affirmer. Savoir renoncer, pour éviter un conflit peu utile, témoigne d'une bonne estime de soi. Cela dépendra de votre bonne appréhension de vos besoins à l'instant donné.

Identifier ses besoins

Pour vous aider à identifier vos besoins, je vous propose d'utiliser la fameuse pyramide de Maslow, psychologue qui dans les années 1940 a hiérarchisé nos différents besoins vitaux. Recherchant ce qui se cache derrière nos motivations, il met en lumière des besoins indispensables (dans le sens vital) à notre vie et des besoins qui donnent de la sécurité et du sens. Il les décline en cinq besoins fondamentaux : les besoins physiologiques, les besoins de sécurité, les besoins d'appartenance et d'amour, les besoins d'estime et le besoin d'accomplissement de soi.

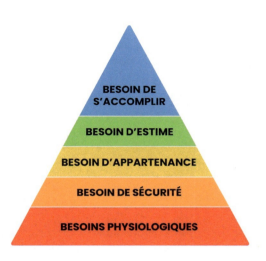

Besoins physiologiques (la base de la pyramide)

Ce sont des besoins basiques, indispensables à notre survie comme manger, respirer, boire, se reproduire, être en bonne santé (pas de douleur physique), se reproduire, dormir...

Besoins de sécurité

Les besoins de sécurité prennent en compte deux facteurs :

1. Le *facteur objectif* : la sécurité physique (être à l'abri des menaces concrètes).

2. Le *facteur subjectif* : la sécurité mentale (nos peurs et craintes personnelles).

Il s'agit par exemple d'avoir un toit sur la tête, d'avoir un travail, de bénéficier d'une sécurité et stabilité familiale, de se sentir en sécurité physique (agressions, etc.)

Besoins d'appartenance

Les besoins d'appartenance s'articulent autour du besoin d'affection, d'amour et de socialisation. C'est lorsque nous ressentons le besoin d'aimer et d'être aimé.

Par exemple :
- Le besoin d'appartenance à des collectifs (ex. : groupe d'amis, associations, club de sport...).
- Le besoin d'avoir des personnes à aimer et qui nous aime (affection ou amour).
- Le besoin de se sentir accepté et non rejeté.

Cela correspond aux liens entretenus avec les autres. C'est l'aspect social de nos besoins.

Besoins d'estime

Il s'agit ici des besoins de considération et de réputation, de reconnaissance, de retours positifs, d'estime des autres à notre égard mais aussi d'estime de soi. À ce stade de la pyramide, on se situe à un besoin d'accomplissement personnel et de confiance en soi.

En tant qu'être humain, nous avons besoin d'accomplir des choses suscitant le respect de nos proches, de nos connaissances mais aussi d'inconnus. Ces actions peuvent être d'ordre professionnel, sportif ou encore financier. Autrement dit, tout ce qui nous permet de nous démarquer par rapport au groupe auquel on appartient.

Parmi les besoins d'estime, on peut citer le besoin de considération (ex. : respect, confiance) ou le besoin de se sentir compétent.

Besoins d'accomplissement

On vise à réaliser son plein potentiel et à devenir la meilleure version de soi-même. Il ne peut être envisagé que si les quatre premiers niveaux de la pyramide sont atteints. À ce stade, on satisfait des besoins importants mais moins vitaux que dans les premiers niveaux.

Il s'agit du besoin :
- de s'épanouir ;
- d'accroître ses connaissances ;
- de développer certaines valeurs ;
- d'atteindre un objectif personnel.

Cela peut être le fait d'apprendre continuellement des choses, le besoin de créer, la méditation pour vivre en pleine conscience...

Comment utiliser seul cette pyramide ? Elle peut vous être utile pour identifier des points de blocage de votre vie au quotidien et aussi faciliter la réponse à la question quel besoin je crois satisfaire en n'osant pas dire non. C'est un outil de développement personnel à part entière pour comprendre ses besoins, déterminer vos sources de motivation et déterminer ou confirmer ce qui pourrait vous permettre de vous sentir épanoui.

Reprenez chaque aspect de votre vie et essayez de les positionner à l'un des étages de la pyramide et déterminez à quel degré le niveau est comblé ou pas.

Puis analysez vos résultats notamment en vous demandant comment vous pourriez le remplir plus ou passer au niveau supérieur.

Quand vous n'osez pas dire non, vous faites passer votre besoin d'estime et de considération avant un autre besoin.

Par exemple, vous sortez avec des amis alors que vous êtes fatigué parce que vous vous y étiez engagé et que cela ne se fait pas de décommander à la dernière minute. Vous vous êtes donc senti obligé d'y aller. Le soir même, vous ressentez de la colère pour ne pas avoir su dire non et encore plus de fatigue voire le lendemain de la culpabilité de ne pas avoir su dire non. Cela signifie à la lecture de la pyramide de Maslow que vous avez fait passer le besoin d'estime des autres avant votre besoin physiologique de sommeil et au détriment de votre besoin d'estime de vous-même.

EXERCICE

À vous de « jouer »...

Remémorez-vous une situation que vous avez vécue alors que vous n'en aviez pas du tout envie.

Nommez et écrivez un ou deux sentiments ou émotions éprouvés suite à cette situation vécue

_____

_____

Demandez-vous « Quel besoin personnel n'ai-je pas écouté ? » et écrivez la réponse

_____

_____

Pensez enfin à une action que vous auriez pu mettre en œuvre pour être à l'écoute de ce besoin

_____

_____

Attention, un besoin s'exprime en terme positif et n'implique aucune autre personne que vous-même. Il s'agit dans l'exercice d'accepter de dire « j'ai besoin de... » plutôt que de dire « j'ai besoin que tu... ». Par ailleurs, lorsque l'on prend conscience d'un besoin non satisfait, cela nous permet de trouver l'issue à notre difficulté puisqu'il s'agira de trouver comment répondre à notre besoin.

Retenez enfin que tous nos besoins ont pleine légitimité à être accueillis avec considération et bienveillance.

Comment dire non ?

1. Accueillez la demande en montrant une vraie ouverture par votre langage non verbal. Cette attitude est aussi une ouverture à soi (je suis ouvert à l'écoute de mes besoins).

2. Différez votre réponse. Prenez le temps de réfléchir avant de donner une réponse à votre interlocuteur. Vous pouvez tout à fait prendre quelques minutes (voire quelques heures) de réflexion afin de ne pas répondre sous l'effet de la pression.
Se ménager un temps de réflexion pour différer sa réponse permet d'apporter une réponse en étant au clair avec ses envies, urgences, besoins du moment. Il est en effet difficile de répondre parfois sur le moment quand on est pris par des enjeux, des préoccupations ou des injonctions dichotomiques.

3. Reformulez la demande et les besoins de la personne pour lui montrer que lors de sa demande, vous étiez dans une écoute active et que vous l'avez pleinement entendue.

4. Dites non en exprimant les sentiments et les besoins qui vous poussent à refuser mais il ne s'agit pas de vous justifier. Pourquoi ? Parce que cette attitude de recherche d'explication de votre réponse négative induit qu'elle est moralement contestable. Or, vous avez le droit de dire NON.

Évitez d'exprimer votre refus de manière sèche et brutale et utilisez les principes de la communication assertive. L'assertivité est attitude que nous devrions tous apprendre à l'école et qui consiste à aborder les situations et les problèmes de façon constructive, sans chercher à les fuir ni à les minimiser, en respectant le droit et les intérêts de l'autre sans se rabaisser, soi.

Elle consiste à s'exprimer en déroulant une méthode en quatre étapes :

a. Décrivez les faits : utiliser le questionnement de Quintilien pour décrire les faits oblige à rester objectif et à « dés-affecter » la situation. Ce questionnement est une technique de structuration de l'information sur un sujet donné, sur la base des questions suivantes : **q**uoi ? **q**ui ? **q**uand ? **o**ù ? **c**omment ? et **p**ourquoi ? On l'appelle aussi le 3QOCP.

b. Clarifiez les conséquences : expliquez quels sont les impacts de cette demande pour vous.

c. Exprimez votre ressenti à la première personne « je » (et pas de jeu) pour évacuer des éventuelles émotions et évitez le « tu » accusateur. Pesez vos mots en évitant ceux qui sont trop catégoriques (jamais, toujours) et qui rompent le flux de la relation et le dialogue.

d. Élaborez la suite, en essayant autant que faire se peut de proposer une alternative

En résumé, la réponse négative se basera sur des faits clairs, circonstanciés et l'expression de votre ressenti. Elle devra être authentique pour s'inscrire dans une relation de confiance et ouvrir vers d'autres champs des possibles. Adopter un comportement assertif, c'est réussir à mettre en place dans l'interaction avec l'autre (mais aussi avec soi) une communication authentique et équilibrée sans manquer de respect à l'autre.

5. Prenez du recul sur la situation. Après tout, quel est le VRAI risque à dire non ? Essayez de dédramatiser. Retenez aussi qu'aux yeux des autres, une personne qui sait dire **non** est mieux perçue qu'une autre ne sachant dire que « oui » à chaque proposition !

6. Ne cédez pas ! Après avoir refusé la demande de votre interlocuteur, ce dernier risque d'insister en vous donnant des arguments ou des raisons (plus ou moins bonnes) d'accepter sa requête. Écoutez les raisons évoquées pour montrer votre bonne foi mais reste ferme sur votre position.

Assumer son choix pour éviter le poids de la culpabilité et de la rancœur renvoie à la connaissance et à l'estime de soi. Si je connais mes besoins et que je me fais confiance dans ma prise de décision, j'assumerais bien plus aisément mes décisions.

Assumer son choix, c'est accepter que l'on n'est pas responsable de la frustration que pourrait ressentir la personne qui reçoit ce non. En effet celui qui fait la demande prend le risque de recevoir un non et si ce risque n'est pas compris, c'est qu'en réalité, il ne s'agissait pas d'une demande mais d'une obligation, d'une sommation déguisée sous forme de demande qui n'offre pas la liberté de pouvoir répondre autrement que par oui.

7. Utilisez la technique du « également » plutôt que « mais ». Par exemple au lieu de se dire : « J'irais bien à un afterwork organisé par une de mes collègues que j'adore. Je sais qu'avec elle, c'est toujours très convivial et fun mais j'ai promis à ma famille de rentrer tôt ce soir pour simplement être ensemble. » Entrainez-vous à dire : « J'irais bien à un afterwork organisé par une de mes collègues que j'adore ; ÉGALEMENT j'ai promis à ma famille de rentrer tôt ce soir pour simplement être ensemble. ».

Quelle est la différence entre les deux pensées ? Dans la seconde formulation, les deux éléments ne sont plus en opposition mais elle exprime juste que nous avons deux situations (égales) en tête, que nous sommes des êtres complexes et que nous allons faire un choix éclairé sans culpabilité. Car choisir c'est renoncer et cela est tout à fait normal de ne pouvoir être à deux endroits à la fois, n'est-ce pas ?

En résumé, savoir dire non, c'est savoir se respecter, être à l'écoute de ses émotions, savoir être en accord avec ses valeurs, apprendre à connaître ses limites et ses besoins tout en respectant l'autre et en ne fermant pas la relation de communication afin d'éviter un sentiment de culpabilité.

CE QUE JE RETIENS DE CE CHAPITRE COMME INGRÉDIENT ESSENTIEL POUR MOI :

_____

_____

_____

_____

CONTE À MÉDITER

Tang était un petit ouvrier dans un royaume d'Orient. Il travaillait le cuivre et fabriquait de magnifiques ustensiles qu'il vendait sur le marché. Il était heureux de vivre et se sentait à sa place. Il n'attendait plus que de trouver la femme de sa vie.

Un jour, un envoyé du roi vint annoncer que celui-ci désirait marier sa fille au jeune homme du royaume qui aurait le cœur le plus pur. Au jour dit, Tang se rendit au château et il se trouva au milieu de plusieurs centaines de jeunes prétendants. Le roi les regarda tous et demanda à son chambellan de remettre à chacun cinq graines de fleurs, puis, il les pria de revenir au printemps avec un pot de fleurs, issues des graines qu'il leur avait fait remettre.

Tang planta les graines, en prit grand soin mais rien ne se produisit, pas de pousse, pas de fleurs. À la date convenue, Tang prit son pot sans fleur et partit pour le château. Des centaines d'autres prétendants portaient des pots remplis de fleurs magnifiques et ils se moquaient de Tang et de son pot de terre sans fleurs.

Alors le roi demanda à ce que chacun passe devant lui pour lui présenter son pot. Tang arriva, un peu intimidé devant le roi : « Aucune des graines n'a germé votre majesté », dit-il. Le roi lui répondit : « Tang, reste ici auprès de moi ! »

Quand tous les prétendants eurent défilé, le roi les renvoya tous, sauf Tang. Il annonça à tout le royaume que Tang et sa fille se marieraient l'été prochain. Ce fut une fête extraordinaire ! Tang et la princesse devenaient toujours plus amoureux l'un de l'autre. Ils vivaient très heureux.

Un jour, Tang demanda au roi, son beau-père : « Majesté, comment se fait-il que vous m'ayez choisi pour gendre alors que mes graines n'avaient pas fleuri ? »

Le roi répondit avec malice : « Parce qu'elles ne pouvaient pas fleurir, je les avais fait bouillir durant toute une nuit ! Ainsi, tu étais le seul à avoir assez de respect pour toi-même et les autres pour être honnête ! C'était un tel homme que je voulais pour gendre ! »

CE QUE JE RETIENS DE CE CONTE POUR MOI :

___
___
___
___
___
___

Chapitre 6
Vers une vie équilibrée

Vous arrivez à la fin de la méthode T.A.T.I.N ! Toutes mes félicitations ! Peut-être avez-vous ri, avez-vous pleuré ? Peut-être vous êtes-vous senti en colère, incompris, frustré ou joyeux ?

Que vous soyez déçu ou ravi de la lecture de cet ouvrage, demandez-vous pourquoi vous avez ce ressenti.

Prenez un petit temps de « digestion » et de réflexion avant d'entamer ce dernier chapitre.

Les sept piliers d'une vie équilibrée

On considère que pour avoir une vie équilibrée et bâtir des fondations solides, il faut s'intéresser à sept piliers fondamentaux de la vie qui correspondent aussi à notre identité, à nos valeurs, à nos fondations.

Les voici :

1. L'INTÉGRITÉ

Il est important de prendre soin de soi et de son environnement, indépendamment de toute considération morale ; simplement en prenant en compte les effets et les actes.

L'intégrité, c'est ce qu'il faut pour assurer notre survie. C'est une notion comparable à celle de l'écologie, pour soi-même comme pour l'environnement. Il s'agit ici de prendre conscience des éléments qui constituent cette intégrité afin de respecter celle-ci.

Exemples de non-intégrité :

- Pratiquer le double jeu, ne pas être authentique.
- D'une manière générale, être en désaccord avec ses valeurs.
- Se « voiler la face » quant aux conséquences de ses actes.
- Porter des vêtements qui nous blessent l'âme parce qu'ils ne nous correspondent pas.
- Laisser « pourrir » une situation non résolue.
- Ne pas respecter un engagement.
- Mentir et se mentir

2. LES BESOINS

Nous allons inclure dans « les besoins » tout ce qui contribue à notre bon fonctionnement. La satisfaction de ces besoins n'appelle donc aucune justification. Attention, un besoin non satisfait ne disparaît pas. Il risque de se manifester autrement, d'une manière plus grave !

Nous devons donc prendre soin de satisfaire nos besoins les plus importants (ex. : reconnaissance, stimulation, liberté, espace…). Pour cela, il faut mettre en place des automatismes et des garde-fous.

Notons que nos émotions sont souvent révélatrices de besoins à satisfaire.

Les besoins les plus forts sont souvent ignorés et, de ce fait, peu satisfaits.

Si vous étiez accompagné, le travail du coach serait de vous amener à une prise de conscience puis à la mise en place d'automatismes par l'action et l'apprentissage.

Faisons bien la différence entre le besoin et la manière de le satisfaire car, pour satisfaire un besoin, nous allons chercher de l'énergie à l'extérieur et nous devons le faire sans nuire à cet « extérieur ».

Exemple :

- Comment satisfaire un besoin légitime de liberté sans pour autant égratigner la liberté des autres ?

- Comment satisfaire un besoin d'affection tout en sachant que les autres ne sont pas « obligés » de m'en témoigner ?

3. LES VALEURS (*relire le chapitre 2, si nécessaire*)

Qu'est-ce qui est vraiment important pour vous ?

Une valeur est un mot qui exprime ce qui, à un moment donné, est vraiment important et essentiel pour nous, donne un sens à notre vie, à nos agissements.

Les valeurs sont les convictions que nous considérons comme particulièrement importantes pour nous, celles qui constituent nos repères essentiels, qui nous servent pour effectuer nos choix les plus cruciaux et qui orientent donc pour une large part nos actions et notre comportement.

Ce sont des concepts ou des croyances qui se rapportent à des fins ou des comportements désirables. Elles transcendent des situations spécifiques et sont l'expression de motivations destinées à atteindre des objectifs particuliers comme la sécurité, l'accomplissement, l'autonomie...

Elles guident les choix et permettent l'évaluation de comportements envers des personnes et des événements. Elles sont ordonnées selon leur importance relative en tant que principes qui guident la vie.

Elles traduisent trois nécessités universelles :
- Satisfaire les besoins biologiques des individus.
- Permettre l'interaction sociale.
- Assurer le bon fonctionnement et la survie du groupe.

Ce que nous appelons important ou essentiel dépend de critères personnels (internes) et sociaux (externes, fonction de l'époque et de la culture ambiante). Nos valeurs sont le reflet de ce que nous sommes réellement, c'est la raison pour laquelle, lorsque nous vivons en accord avec elles, nous avons le sentiment profond de nous réaliser.

Nos valeurs de référence donnent une fondation à notre identité, en même temps qu'elles nous amènent à concevoir un monde idéal où elles seraient universelles. À défaut de pouvoir vivre en permanence cet idéal de valeurs, nous faisons en sorte de tendre concrètement vers lui.

Pourquoi est-ce important de s'interroger sur nos valeurs ?

Les valeurs sont les convictions que nous considérons comme particulièrement importantes pour nous, celles qui constituent nos repères essentiels, qui nous servent pour effectuer nos choix les plus cruciaux et qui orientent donc pour une large part nos actions et notre comportement. Nos valeurs sont les éléments les plus stables de notre personnalité. Elles constituent le moteur qui nous fait agir et nous donne de l'énergie pour entreprendre. C'est le socle de la confiance en soi.

Intégrité, besoins et valeurs sont intimement liés. Souvent, les personnes passent leur vie à tenter de satisfaire leurs besoins. Une réflexion sur les valeurs nécessite que les besoins « de base » et l'intégrité « de base » soient respectés. La prise de conscience des valeurs essentielles intrinsèques amènera, automatiquement, un changement de point de vue sur les besoins et l'intégrité.

C'est la raison pour laquelle, il est important d'être au clair avec ses valeurs dont vont découler nos choix et prises de décisions. Il est important que vous puissiez vous appuyer sur des valeurs correctement sélectionnées et priorisées afin qu'elles guident votre vie de façon harmonieuse.

Parmi les valeurs qui peuvent vous servir de référence, vous trouvez la fidélité, l'amitié, la tolérance, l'efficacité, la responsabilité, l'amour, la générosité, l'optimisme, la réussite, la sécurité, la beauté, le courage, la combativité...

EXERCICE

Nous revisitons l'exercice sur les valeurs de la page 64 (modèle de Schwartz). Le travail sur les valeurs est difficile et crucial. Elles sont, selon moi, le pilier d'une vie alignée et d'une prise de décision éclairée.

En premier lieu, lisez la liste et identifiez les valeurs qui font écho en vous. Dans un second temps, demandez-vous si ces valeurs importantes à vos yeux sont respectées dans vos actes et votre quotidien ou non. En dernier lieu, réfléchissez à comment faire pour qu'elles soient toutes mieux respectées.

Les dix types de valeurs : le pouvoir, l'accomplissement, l'hédonisme, la stimulation, la centration, l'universalisme, la bienveillance, la tradition, le conformisme, la sécurité.

1. Les valeurs de pouvoir :
   - l'autorité ;
   - la richesse ;
   - le pouvoir social (avoir du pouvoir sur autrui, dominance) ;
   - la préservation de son image publique (soucieux de ne pas perdre la face) ;
   - la reconnaissance sociale (respect, approbation émanant des autres).

2. L'accomplissement est caractérisé par la réussite personnelle, liée à une compétence en accord avec les normes sociales :
   - l'ambition (travaillant dur, volontaire) ;
   - l'orientation vers le succès (objectif : réussir) ;
   - la compétence (capable et efficace) ;
   - l'influence (exercer un impact sur les gens et les événements) ;
   - le respect de soi (croyance en sa propre valeur).

3. L'hédonisme :
   - le plaisir (satisfaction des désirs) ;
   - l'amour de la vie (aimant la nourriture, les loisirs…) ;
   - se faire plaisir (faire des choses agréables).

4. La stimulation correspond au besoin de variété qui permet de maintenir un niveau optimum d'activité :
   - une vie excitante (expériences stimulantes) ;
   - une vie variée (remplie de défis, de nouveautés, de changements) l'audace (cherchant l'aventure, le risque).

5. La centration sur soi ou autonomie représente l'indépendance de pensée et d'action :
   - créativité (originalité, imagination) ;
   - la liberté (de pensée et d'action) ;
   - la curiosité (intéressé en toute chose, explorateur) ;
   - l'indépendance (ne compter que sur soi, autosuffisant) ;
   - le droit à une vie privée (non exposée aux regards indiscrets).

6. L'universalisme est la compréhension, la tolérance et la protection du bien-être de tout le monde et de la nature :
   - l'égalité (chances égales pour tous) ;
   - un monde en paix ;
   - l'unité avec la nature (adéquation à la nature) ;
   - la sagesse (compréhension adulte de la vie) ;
   - un monde de beauté (beauté de la nature et des arts) ;
   - la justice sociale (corriger les injustices, secourir les faibles) ;
   - large d'esprit (tolérant les croyances et les idées différentes) ;
   - la protection de l'environnement (préserver la nature).

7. La bienveillance est la préservation et l'amélioration du bien-être des personnes avec lesquelles on a un contact personnel :
   - secourable (travaillant en vue du bien-être d'autrui) ;
   - la loyauté (fidèle à ses amis, à ses proches) ;
   - l'indulgence (désireux de pardonner aux autres) ;
   - l'honnêteté (authentique, sincère) ;
   - la responsabilité (sur qui l'on peut compter) ;
   - l'amitié vraie (des amis sur qui l'on peut compter) ;
   - l'amour adulte (intimité profonde, émotionnelle et spirituelle).

8. La tradition correspond au respect, à l'engagement et à l'acceptation des coutumes et des idées préconisées par la culture traditionnelle ou la religion :
   - le respect de la tradition (préserver les coutumes consacrées par le temps) ;
   - l'humilité (modeste, effacé) ;
   - religieux (attaché aux croyances et à la foi religieuse) ;
   - acceptant sa part dans la vie (se soumettre aux circonstances de la vie) ;
   - la modération (évitant les extrêmes dans les sentiments et les actions).

9. Le conformisme modère les actions, les tendances et les envies qui contrarient, blessent les autres ou transgressent les normes sociales. L'accent est mis ici sur le contrôle de soi dans les interactions de la vie quotidienne avec des proches :
   - l'obéissance (remplissant ses obligations, ayant le sens du devoir) ;
   - la politesse (courtoisie, bonnes manières) ;
   - l'autodiscipline (résistance aux tentations) ;
   - honorant ses parents et les anciens (montrant du respect).

10. La sécurité est caractérisée par l'harmonie et la stabilité de la société, des relations et de soi. Le modèle postule l'existence de valeurs de sécurité individuelle et de groupe. Certaines valeurs de ce type servent essentiellement des intérêts individuels (comme le fait d'être en bonne santé) et d'autres des intérêts collectifs (comme la sécurité nationale), d'autres enfin se trouvent sur un prolongement entre l'individuel et le collectif :
    - l'ordre social (stabilité de la société) ;
    - la sécurité familiale (sécurité pour ceux que l'on aime) ;
    - la sécurité nationale • la réciprocité des services rendus ;
    - la propreté ;
    - le sentiment de ne pas être isolé ;
    - être en bonne santé physique et mentale.

4. LE POSITIVISME

C'est s'abstenir de juger, être bienveillant et inconditionnellement constructif. Il s'agit de valoriser la personne (souligner les points forts, les réussites), croire en elle et jouer « gagnant/gagnant ».

Le coach part d'une situation qu'il accueille telle qu'elle est, sans jugement, en enregistrant les informations qui lui sont confiées par son coaché pour l'aider à construire et avancer vers l'objectif. Cette attitude bienveillante du coach et cette façon d'aborder la situation dans la neutralité permettent au coaché de reconnaître la situation sans la déformer.

Cette façon d'être est fondamentale dans les relations humaines ; c'est tout simplement une philosophie qui se traduit par des comportements et des habitudes que nous pouvons mettre en place et développer. Et, comme toute chose, cela s'apprend !

5. POSER SES LIMITES

Il s'agit d'être au clair avec ce que l'on accepte et ce que l'on refuse. C'est le moyen de poser un cadre protecteur, d'avoir un environnement positif. Par exemple, il est préférable de choisir des personnes avec lesquelles on pourra avoir des échanges positifs et/ou d'expliquer à ces personnes comment se comporter avec nous pour créer une relation satisfaisante. (Dans ce domaine, la dialectique aide énormément.)

Il nous arrive à tous de devoir repousser nos limites, monter notre niveau d'acceptation mais il y a un moment où il faut savoir dire « stop ».

Poser vos limites, les définir et les exprimer clairement permet de préserver votre intégrité, vos besoins et vos valeurs.

Et rappelez-vous : il vaut mieux se définir que se défendre !

Chacun d'entre nous se doit de développer sa sensibilité à l'intrusion afin de réagir dès les premiers signes et de pouvoir rétablir la situation très rapidement et en douceur.

Pas de panique si vous ne l'avez pas fait dès le début. Vous pouvez toujours faire remarquer : « je me rends compte que jusqu'à présent, j'ai accepté... mais maintenant... donc... »

6. VÉRIFIER LE RÉSEAU RELATIONNEL

Prenez conscience des personnes que vous fréquentez, de votre motivation à voir ces personnes et du type d'activités que vous partagez avec elles :

1. Les personnes qui vivent sous le même toit que vous.
2. Les amis proches, ceux qui sont réellement dans le même camp que vous et qui vous soutiennent inconditionnellement – votre fan-club !
3. Les bons copains, les relations.
4. Les autres personnes avec lesquelles vous avez des échanges, de l'attention.

Il s'agit de compter combien de personnes composent ce réseau relationnel, les deux premiers cercles constituant votre camp de base, votre tribu.

Une étude américaine démontre qu'une personne est en décharge d'énergie si elle compte moins de douze personnes dans son entourage proche. L'être humain est une créature sociale, gardons cela à l'esprit. Un bon entourage concourt à sa longévité et favorise son « bon moral ».

Par ailleurs, on dit qu'on est la somme des cinq personnes avec lesquelles on passe le plus de temps. Mais souvent qui s'assemble, se ressemble alors il faut cultiver l'ouverture à l'autre et aux opportunités de rencontres.

7. RENDRE LE PRÉSENT PARFAIT

Il s'agit de vous entraîner à faire un meilleur usage de ce qui existe déjà ! Vous allez prendre conscience de ce qui constitue votre vie, puis imaginer que vous perdez tout, puis que tout vous est rendu : comment vous comporteriez-vous alors ?

Cet exercice très simple permet de réfléchir à « comment investir dans le présent », puis de passer à l'action (que puis-je faire, dès maintenant, pour améliorer mon présent ?). Le second but de cet exercice est de se projeter dans l'avenir sans tomber dans l'exagération et en évitant de se fixer sur l'objectif de l'objectif de l'objectif... En regardant ce que vous avez à portée de main, et en y introduisant du dynamisme, vous serez plus efficace.

Être vivant est en soi un exemple de perfection.

Il est, en effet, parfois dangereux d'être fixé en permanence sur le lendemain. Il est important aussi de faire la différence entre la trace laissée par le passé et le passé lui-même. Voyons, pour illustrer, la métaphore suivante : le bateau et l'image de l'écume qu'il laisse derrière lui... Cette écume est la trace du bateau et non ce qui le pousse !

Nous avons tous notre « perception du monde », c'est-à-dire que nous filtrons la réalité chacun à notre façon. Il est beaucoup plus positif de s'intéresser à ce que nous avons plutôt qu'à ce qui nous manque.

La clé du bonheur pourrait bien être de vouloir ce que l'on a !

EXERCICE

Listez cinquante choses que vous avez et que vous ne voulez perdre pour rien au monde.

La conscience du présent favorise l'évolution et le déploiement de l'être. Il est fondamental d'entrer dans une conscience de plus en plus claire des choses. C'est une manière d'élargir son champ de conscience et de devenir de plus en plus proche de soi-même et de ce que l'on veut créer.

Voici une grille d'analyse du présent très utile en coaching : la roue de la vie.

La roue de la vie

C'est un outil de développement personnel puissant, très utile pour la phase d'affirmation de soi.

EXERCICE

Voici comment réaliser votre roue de la vie en huit étapes, en prenant du recul sur votre situation et en définissant des objectifs et des moyens d'action clairs et réalisables.

1. Sélectionnez les huit à dix catégories de votre roue de la vie

- Relations sociales/Amis.
- Famille/Enfants.
- Finances
- Carrière/Travail/Activité professionnelle/Études
- Vie sentimentale/amoureuse/sexuelle
- Loisirs/Divertissements
- Contribution au monde/Don de soi
- Santé/Forme/Bien-être/Sport
- Environnement personnel (maison, travail)
- Développement personnel/Créativité/Bonheur/Spiritualité

N.B. Il s'agit d'une liste non exhaustive que vous pouvez adapter en fonction des éléments importants de votre vie.

2. Faites le point sur votre vie actuelle

Imprimez ou dessinez un modèle de roue de la vie (modèle ci-après) et évaluez votre niveau de satisfaction pour chacun des items sur une échelle de 0 à 10 (0 étant au centre). Pour faciliter la lecture de la grille, vous pouvez colorier les parties concernées.

Puis prenez le temps d'observer votre roue :
La trouvez-vous équilibrée ?
Quels domaines sont pleinement satisfaits ?

Quels domaines sont partiellement satisfaits ?
Quels domaines ne sont pas du tout satisfaits ?

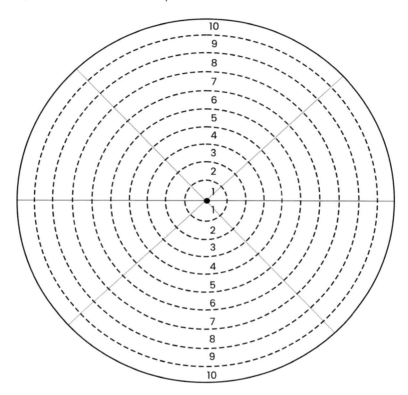

Modèle de la roue de la vie à imprimer ou à dessiner.

3. Faites un brainstorming complet

Demandez-vous maintenant ce que vous aimeriez changer dans votre vie.

Écrivez tout ce qui vous passe par la tête, sans limites, sans contraintes : des objectifs les plus simples aux plus farfelus.

4. Formulez clairement vos objectifs

Pour que vos objectifs soient atteignables, il faut savoir les décrire clairement et précisément.

Listez vos objectifs de manière exhaustive sur une feuille de papier ou une page de votre journal si vous en tenez un.

5. Choisir, c'est renoncer

On ne peut pas tout réaliser d'un coup. Choisissez donc **entre un et trois objectifs** clairs et précis par catégorie.

6. Utilisez la méthode SMARTE pour travailler sur ces trois objectifs

7. Revenez régulièrement sur votre roue selon la périodicité qui vous convient

Pour constater les changements opérés et les évolutions grâce à vos nouvelles actions, revenez sur votre roue et coloriez votre nouvelle évaluation par-dessus votre précédent dessin ou sur une nouvelle roue.

CE QUE JE RETIENS DE CE CHAPITRE COMME INGRÉDIENT ESSENTIEL POUR MOI :

Il est où le bonheur ? Renforcer son locus de contrôle avec la méthode T.A.T.I.N

Le locus de contrôle est un concept psychologique qui décrit la façon dont les individus perçoivent la source de contrôle sur les événements de leur vie. Plus précisément, il fait référence à la croyance qu'une personne a quant à sa capacité à influencer les événements qui se produisent dans sa vie.

Il existe deux types de locus de contrôle : interne et externe. Les individus ayant un locus de contrôle interne croient que leurs actions ont un impact direct sur les événements qui se produisent dans leur vie. En revanche, les individus ayant un locus de contrôle externe croient que les événements qui se produisent dans leur vie sont principalement le résultat de forces externes, telles que la chance, le destin, les autres personnes ou les circonstances.

L'origine du concept de locus de contrôle remonte à la théorie de la motivation de Julian Rotter dans les années 1950. Depuis lors, le concept a été largement étudié et appliqué dans divers domaines, tels que la santé, l'éducation, le travail et le sport.

Comprendre son locus de contrôle a des implications importantes sur sa motivation et son comportement. Les individus ayant un locus de contrôle interne sont généralement plus motivés, persévérants et proactifs dans la poursuite de leurs objectifs, car ils croient que leur propre comportement peut influencer les résultats. En revanche, les individus ayant un locus de contrôle externe peuvent être moins motivés et moins persévérants, car ils croient que leurs actions sont moins susceptibles d'avoir un impact sur les résultats.

L'idée est donc de développer son locus de contrôle interne en identifiant les domaines de votre vie sur lesquels vous avez un contrôle direct et en élaborant un plan d'action concrets pour atteindre vos objectifs. Cela participe aussi à développer l'estime de soi et la confiance en ses capacités à influencer les événements de leur vie.

Cela vous permet de (re) devenir responsable et de vous débarrer de ses énormes valises de culpabilités.

Quel rapport avec le locus ?

Il a été prouvé que le bonheur est intimement lié au contrôle que l'on pense avoir sur sa vie. Par conséquent, le locus de contrôle interne peut être associé à un taux de bonheur plus élevé. Les personnes ayant un locus de contrôle interne ont tendance à croire qu'elles peuvent influencer leur environnement et leur vie, et qu'elles ont le pouvoir de changer les choses qui ne leur conviennent pas. Elles sont donc plus susceptibles de prendre des mesures pour améliorer leur vie, de travailler dur pour atteindre leurs objectifs, et d'avoir confiance en elles-mêmes.

Ces attitudes et comportements peuvent alors être liés à un niveau de bonheur plus élevé, car les personnes qui ont un locus de contrôle interne ont tendance à se sentir plus autonomes, satisfaites et confiantes dans leur vie. En revanche, les personnes ayant un locus de contrôle externe ont tendance à croire que leur vie est principalement influencée par des facteurs externes tels que la chance, le destin ou les autres personnes. Ces personnes ont souvent moins confiance en elles, peuvent se sentir impuissantes et ont tendance à se laisser influencer par les événements extérieurs, ce qui peut affecter leur bonheur.

En résumé, les individus ayant un locus de contrôle interne croient qu'ils ont la capacité de contrôler leur vie donc tendent vers plus de bonheur, tandis que ceux ayant un locus de contrôle externe croient que les événements sont principalement causés par des forces externes sur lesquelles ils n'ont pas la main.

La responsabilité n'est pas entendue au sens « être responsable de ce qui arrive » mais se réfère à la capacité de répondre à une situation et non d'être coupable de la situation c'est-à-dire la capacité à croire que l'on a des ressources pour faire face à une situation aussi horrible soit-elle.

En effet, étymologiquement être responsable c'est être capable d'apporter une réponse et non assumer une responsabilité ce qui serait très culpabilisant.

La culpabilité, quant à elle, est une émotion négative qui est souvent associée à la responsabilité de commettre une erreur ou une action considérée comme mauvaise. La culpabilité peut être liée à la responsabilité si l'individu se sent responsable de l'erreur ou de l'action qui a causé la situation qui a conduit à la culpabilité.

▶ **Comment travailler sur le locus de contrôle et se libérer de sa culpabilité pour devenir plus responsable (au sens étymologique du terme) ?**

Voici quelques étapes que vous pouvez suivre pour travailler sur votre locus de contrôle :

Prenez conscience de vos croyances limitantes : le premier pas consiste à identifier ses croyances limitantes qui peuvent influencer son locus de contrôle.

Vous pouvez écrire vos croyances limitantes dans un journal ou un carnet et vous poser des questions telles que « Pourquoi j'ai cette croyance ? » ou « Comment cette croyance peut influencer ma vie ? »

Changez vos croyances limitantes : une fois identifiées, commencez à remplacer ces croyances limitantes par des croyances positives et constructives.

Par exemple, au lieu de croire que les échecs sont dus à des facteurs externes, persuadez-vous que ces échecs sont des opportunités d'apprentissage et que vous pouvez en tirer des leçons pour réussir à l'avenir.

Fixez-vous des objectifs clairs et réalisables en utilisant la méthode SMARTE (Spécifique, Mesurable, Atteignable, Réaliste, Temporel et Ecologique).

Par exemple, se fixer l'objectif de passer 30 minutes par jour à apprendre une nouvelle compétence pour renforcer son locus de contrôle interne.

Prenez des actions concrètes (pour ne pas rester sur des spéculations abstraites) : vous pouvez prendre des notes sur les actions que vous voulez entreprendre chaque jour pour atteindre votre objectif, en utilisant votre agenda ou votre journal de bord pour rester organisé et focus sur vos objectifs.

Évaluer les résultats : évaluez régulièrement vos progrès (avec bienveillance) et ajuster votre stratégie si nécessaire en identifiant les obstacles qui vous ont éventuellement empêché d'avancer.

▶ **Pourquoi ma méthode finit-elle par le locus ?**

La méthode T.A.T.I.N peut aider à renforcer le locus de contrôle interne. En travaillant sur les différentes étapes de la méthode, vous pouvez apprendre à accepter les événements de votre vie qui ne peuvent pas être contrôlés, à renforcer vos compétences, vos valeurs et vos intérêts pour atteindre vos objectifs, et à prendre des décisions en fonction de votre propre pouvoir d'agir plutôt que de vous laisser influencer par des facteurs externes.

En renforçant votre locus de contrôle interne, vous apprenez à vous libérer de votre culpabilité « chronique », à prendre la responsabilité de votre vie et à devenir plus autonome. Vous apprenez à dire non et à prendre le contrôle de votre vie en refusant les demandes qui ne sont pas en accord avec vos aspirations.

En fin de compte, la méthode T.A.T.I.N aide à trouver un équilibre dans sa vie en se concentrant sur les facteurs internes qui peuvent être contrôlés plutôt que sur les facteurs externes qui sont hors de portée.

En travaillant sur son locus de contrôle interne, vous apprenez à créer votre propre chance et à inventer la vie qui vous convient le mieux.

CONTE À MÉDITER

Un Roi avait pour fils unique un jeune Prince courageux, habile et intelligent. Pour parfaire son apprentissage de la Vie, il l'envoya auprès d'un Vieux Sage.

— Éclaire-moi sur le Sentier de la Vie, demanda le Prince.

— Mes paroles s'évanouiront comme les traces de tes pas dans le sable, répondit le Sage.

Cependant je veux bien te donner quelques indications. Sur ta route, tu trouveras trois portes. Lis les préceptes indiqués sur chacune d'entre elles. Un besoin irrésistible te poussera à les suivre. Ne cherche pas à t'en détourner, car tu serais condamné à revivre sans cesse ce que tu aurais fui. Je ne puis t'en dire plus. Tu dois éprouver tout cela dans ton cœur et dans ta chair. Va, maintenant. Suis cette route, droit devant toi ».

Le Vieux Sage disparut et le Prince s'engagea sur le Chemin de la Vie.

Il se trouva bientôt face à une grande porte sur laquelle on pouvait lire :

« *CHANGE LE MONDE* ».

« C'était bien là mon intention, pensa le Prince, car si certaines choses me plaisent dans ce monde, d'autres ne me conviennent pas ».

Et il entama son premier combat. Son idéal, sa fougue et sa vigueur le poussèrent à se confronter au monde, à entreprendre, à conquérir, à modeler la réalité selon son désir. Il y trouva le plaisir et l'ivresse du conquérant mais pas l'apaisement du cœur. Il réussit à changer certaines choses mais beaucoup d'autres lui résistèrent.

Bien des années passèrent. Un jour il rencontra le Vieux Sage qui lui demande :

— Qu'as-tu appris sur le chemin ?

— J'ai appris, répondit le Prince, à discerner ce qui est en mon pouvoir et ce qui m'échappe, ce qui dépend de moi et ce qui n'en dépend pas.

— C'est bien, dit le Vieil Homme. Utilise tes forces pour agir sur ce qui est en ton pouvoir. Oublie ce qui échappe à ton emprise.

Et il disparut.

Peu après, le Prince se trouva face à une seconde porte. On pouvait y lire :

« *CHANGE LES AUTRES* ».

« *C'était bien là mon intention, pensa-t-il. Les autres sont source de plaisir, de joie et de satisfaction mais aussi de douleur, d'amertume et de frustration* ».

Et il s'insurgea contre tout ce qui pouvait le déranger ou lui déplaire chez ses semblables. Il chercha à infléchir leur caractère et à extirper leurs défauts. Ce fut là son deuxième combat. Bien des années passèrent.

Un jour, alors qu'il méditait sur l'utilité de ses tentatives de changer les autres, il croisa le Vieux Sage qui lui demanda :

— Qu'as-tu appris sur le chemin ?

— J'ai appris, répondit le Prince, que les autres ne sont pas la cause ou la source de mes joies et de mes peines, de mes satisfactions et de mes déboires. Ils n'en sont que le révélateur ou l'occasion. C'est en moi que prennent racine toutes ces choses.

— Tu as raison, dit le Sage. Par ce qu'ils réveillent en toi, les autres te révèlent à toi-même. Soit reconnaissant envers ceux qui font vibrer en toi joie et plaisir. Mais sois-le aussi envers ceux qui font naître en toi souffrance ou frustration, car à travers eux la Vie t'enseigne ce qui te reste à apprendre et le chemin que tu dois encore parcourir.

Et le Vieil Homme disparut.

Peu après, le Prince arriva devant une porte où figuraient ces mots

« *CHANGE-TOI TOI-MÊME* ».

— Si je suis moi-même la cause de mes problèmes, c'est bien ce qu'il me reste à faire, se dit-il.

Et il entama son troisième combat. Il chercha à infléchir son caractère, à combattre ses imperfections, à supprimer ses défauts, à changer tout ce qui ne lui plaisait pas en lui, tout ce qui ne correspondait pas à son idéal. Après bien des années de ce combat où il connut quelque succès mais aussi des échecs et des résistances, le Prince rencontra le Sage qui lui demanda :

— Qu'as-tu appris sur le chemin ?

— J'ai appris, répondit le Prince, qu'il y a en nous des choses qu'on peut améliorer, d'autres qui nous résistent et qu'on n'arrive pas à briser.

— C'est bien, dit le Sage.

— Oui, poursuivit le Prince mais je commence à être las de ma battre contre tout, contre tous, contre moi-même. Cela ne finira-t-il jamais ? Quand trouverai-je le repos ? J'ai envie de cesser le combat, de renoncer, de tout abandonner, de lâcher prise.

— C'est justement ton prochain apprentissage, dit le Vieux Sage. Mais avant d'aller plus loin, retourne-toi et contemple le chemin parcouru.

Et il disparut.

Regardant en arrière, le Prince vit dans le lointain la troisième porte et s'aperçut qu'elle portait sur sa face arrière une inscription qui disait :

« ACCEPTE-TOI TOI-MÊME ».

Le Prince s'étonna de ne point avoir vu cette inscription lorsqu'il avait franchi la porte la première fois, dans l'autre sens.

« Quand on combat, on devient aveugle », se dit-il.

Il vit aussi, gisant sur le sol, éparpillé autour de lui, tout ce qu'il avait rejeté et combattu en lui : ses défauts, ses ombres, ses peurs, ses limites, tous ses vieux démons. Il apprit alors à les reconnaître, à les accepter, à les aimer. Il apprit à s'aimer lui-même sans plus se comparer, se juger, se blâmer.

Il rencontra le Vieux Sage qui lui demanda :

— Qu'as-tu appris sur le chemin ?

— J'ai appris, répondit le Prince, que détester ou refuser une partie de moi, c'est me condamner à ne jamais être en accord avec moi-même. J'ai appris à m'accepter moi-même, totalement, inconditionnellement.

— C'est bien, dit le Vieil Homme, c'est la première Sagesse. Maintenant tu peux repasser la troisième porte.

À peine arrivé de l'autre côté, le Prince aperçut au loin la face arrière de la seconde porte et y lut :

« ACCEPTE LES AUTRES ».

Tout autour de lui il reconnut les personnes qu'il avait côtoyées dans sa vie ; celles qu'il avait aimées comme celles qu'il avait détestées. Celles qu'il avait soutenues et celles qu'il avait combattues. Mais à sa grande surprise, il était maintenant incapable de voir leurs imperfections, leurs défauts, ce qui autrefois l'avait tellement gêné et contre quoi il s'était battu. Il rencontra à nouveau le Vieux Sage.

— Qu'as-tu appris sur le chemin ? demanda ce dernier.

— J'ai appris, répondit le Prince, qu'en étant en accord avec moi-même, je n'avais plus rien à reprocher aux autres, plus rien à craindre d'eux. J'ai appris à accepter et à aimer les autres totalement, inconditionnellement.

— C'est bien, dit le Vieux Sage. C'est la seconde Sagesse. Tu peux franchir à nouveau la deuxième porte.

Arrivé de l'autre côté, le Prince aperçut la face arrière de la première porte et y lut :

« ACCEPTE LE MONDE ».

« *Curieux, se dit-il, que je n'aie pas vu cette inscription la première fois.* »

Il regarda autour de lui et reconnut ce monde qu'il avait cherché à conquérir, à transformer, à changer. Il fut frappé par l'éclat et la beauté de toute chose. Par leur perfection. C'était pourtant le même monde qu'autrefois. Était-ce le monde qui avait changé ou son regard ? Il croisa le Vieux Sage qui lui demanda :

— Qu'as-tu appris sur le chemin ?

— J'ai appris, dit le Prince, que le monde est le miroir de mon âme. Que mon âme ne voit pas le monde, elle se voit dans le monde. Quand elle est enjouée, le monde lui semble gai. Quand elle est accablée, le monde lui semble triste. Le monde, lui, n'est ni triste ni gai. Il est là ; il existe ; c'est tout. Ce n'était pas le monde qui me troublait mais l'idée que je m'en faisais. J'ai appris à accepter sans le juger, totalement, inconditionnellement.

— C'est la troisième Sagesse, dit le Vieil Homme. Te voilà à présent en accord avec toi-même, avec les autres et avec le Monde.

Un profond sentiment de paix, de sérénité, de plénitude, envahit le Prince. Le Silence l'habita.

— Tu es prêt, maintenant, à franchir le dernier Seuil, dit le Vieux Sage, celui du passage du silence de la plénitude à la Plénitude du Silence.

Et le Vieil Homme disparut.

CE QUE JE RETIENS DE CE CONTE POUR MOI :

CONCLUSION

En évoquant le vaste domaine du bien-être et du développement personnel, la méthode T.A.T.I.N apporte une nouvelle dimension, en mettant aussi l'accent sur l'élévation de votre taux vibratoire. Mais qu'est-ce que cela signifie exactement ?

Le « taux vibratoire » est un concept ésotérique qui décrit la fréquence d'énergie que nous émettons. C'est une mesure de notre énergie vitale, de notre vitalité émotionnelle, mentale, spirituelle et physique. Plus notre taux vibratoire est élevé, plus nous attirons des expériences et des énergies positives.

Et ici réside l'importance du principe de résonance. Tout dans l'Univers vibre à sa propre fréquence. C'est un peu comme si tout avait sa propre signature énergétique. Lorsque deux objets (ou êtres) ont des fréquences similaires, ils peuvent entrer en résonance, ce qui signifie qu'ils commencent à vibrer à l'unisson. Dans le contexte humain, cela signifie que si nous émettons des vibrations d'amour, de gratitude ou de joie, nous attirerons des situations et des personnes qui résonnent avec ces mêmes énergies.

La méthode T.A.T.I.N offre un chemin pour naviguer à travers nos sept corps énergétiques, dont chacun possède sa propre fréquence

Selon certaines traditions spirituelles et ésotériques, l'être humain est constitué de sept corps énergétiques, chaque corps ayant une fréquence vibratoire spécifique. Ces corps sont superposés et interagissent entre eux pour créer notre expérience globale de la réalité.

Le corps physique : c'est le corps tangible, celui que nous pouvons voir et toucher. Il est le plus dense des corps énergétiques et est directement influencé par notre alimentation, notre activité physique et notre santé globale.

Le corps éthérique : aussi appelé le « double vital », c'est le corps d'énergie le plus proche du corps physique. Il agit comme un lien entre le corps physique et les corps énergétiques plus subtils. Il est souvent associé à l'aura et est supposé contenir une « copie » énergétique de chaque aspect de notre corps physique.

Le corps émotionnel : ce corps représente nos émotions et nos sentiments. Quand nous ressentons des émotions, nous créons des énergies qui affectent ce corps et notre fréquence vibratoire globale.

Le corps mental : Il représente nos pensées et nos processus mentaux. Nos croyances, nos attitudes et nos schémas de pensée influencent ce corps énergétique.

Le corps astral : c'est le corps de l'amour, de la joie et des émotions positives. Il agit comme un pont entre les corps énergétiques inférieurs (plus denses) et les corps énergétiques supérieurs (plus subtils).

Le corps causal ou le corps spirituel (à ne pas confondre avec le religieux !) : il représente notre âme ou notre moi supérieur. Il contient notre plan de vie et nos leçons karmiques.

Le corps divin : c'est le corps de notre conscience divine, le lien avec l'Univers ou la Source. Il est le plus subtil de tous nos corps énergétiques.

La clé pour être authentique, pour être soi, réside donc dans une compréhension profonde des divers aspects de notre existence, à la fois tangibles et intangibles, qui contribuent à notre énergie globale et à notre expérience de vie.

Chaque individu est donc une complexité de plusieurs « couches » d'énergie qui s'entremêlent. Ces sept corps énergétiques qui fonctionnent. Ils influencent et sont influencés par nos actions, nos pensées et nos émotions.

Il est donc essentiel de comprendre ces corps énergétiques pour naviguer et harmoniser notre existence. De notre corps physique, qui réagit à notre alimentation et à notre activité, à notre corps divin, qui est notre lien le plus pur avec l'Univers, chaque couche est une partie du puzzle complexe de notre existence.

Le chemin vers cette harmonie et cette résonance positive sont tracés par la méthode T.A.T.I.N. Chaque lettre de cette méthode sert de guide pour travailler sur soi-même, pour élever cette fréquence vibratoire et pour se synchroniser avec l'Univers. Que ce soit en travaillant sur l'apaisement de son enfant intérieur, en acceptant qui l'on est ou en trouvant sa raison d'être, chaque étape est une brique essentielle à l'édification de ce pont énergétique.

Chaque lettre de la méthode T.A.T.I.N fait écho à une étape essentielle pour harmoniser vos corps énergétiques.

Tranquilliser votre enfant intérieur vous permet d'apaiser les turbulences émotionnelles et de vous reconnecter à votre soi le plus authentique. Cette première étape débloque les énergies stagnantes et permet à votre fréquence vibratoire de s'élever.

S'accepter tel que vous êtes renforce cette dynamique en favorisant une relation bienveillante et respectueuse avec vous-même. Acceptation de soi ne signifie pas résignation mais reconnaissance de vos forces et de vos faiblesses, ce qui nourrit votre confiance et votre estime de soi, et à leur tour, augmente votre fréquence vibratoire.

Trouver votre Ikigaï, votre raison d'être, canalise cette énergie en vous donnant une direction claire. Aligner vos actions avec votre passion intrinsèque crée une résonance positive qui se reflète dans une fréquence vibratoire élevée.

Inventer votre vie et votre joie consiste à prendre en main votre bonheur. En cultivant une attitude positive et en faisant le choix conscient de créer des expériences qui vous apportent de la joie, vous émettez une vibration élevée qui attire les énergies similaires.

Enfin, savoir dire non aux autres est un acte d'autonomisation. En établissant des limites saines, vous préservez votre énergie pour ce qui compte vraiment pour vous, contribuant à maintenir une fréquence vibratoire élevée.

En suivant la méthode T.A.T.I.N, on se donne non seulement les outils pour équilibrer et élever sa fréquence vibratoire mais également pour attirer vers soi les expériences et énergies positives que l'on souhaite vraiment dans sa vie.

En résumé, tout comme un chef d'orchestre veille à l'harmonie de chaque instrument pour créer une mélodie parfaite, la méthode T.A.T.I.N vous guide dans l'harmonisation de vos corps énergétiques, pour une vie pleine de résonance et de positivité.

Les mantras s'intègrent parfaitement dans cette démarche d'équilibre et de renforcement énergétique. Ils agissent comme des outils vibratoires, renforçant nos intentions et élevant notre fréquence. Les répéter consciemment aide à programmer l'esprit, à transformer nos pensées, nos émotions et, par conséquent, notre taux vibratoire.

Un mantra est une affirmation ou une série de mots répétés pour aider à la méditation, à la concentration et à l'ancrage des intentions. En répétant consciemment ces phrases positives, vous programmez votre esprit à croire et à vivre ces vérités. Au fil du temps, ces mantras peuvent transformer vos pensées, émotions et actions, élevant ainsi continuellement votre taux vibratoire.

Voici ceux que je vous propose :

- « Je suis en paix avec moi-même. »
- « Je m'accepte tel que je suis, je célèbre mes forces et j'embrasse mes faiblesses. »
- « Chaque jour, je me rapproche du sens unique de mon histoire »
- « Je crée ma vie et ma joie, je choisis de m'entourer de positivité. »
- « Je préserve mon énergie pour ce qui compte vraiment pour moi. »

Les mantras proposés ici ont été soigneusement sélectionnés pour refléter les principes et les enseignements de la méthode T.A.T.I.N.

Mais la beauté et la puissance des mantras résident dans leur adaptabilité personnelle. Ces phrases doivent donc faire écho en vous et si ce n'est pas le cas, je vous invite alors à élaborer vos propres mantras, ceux qui résonneront profondément en vous.

Voici quelques règles simples pour vous guider dans cette démarche :

1. Soyez POSITIF : les mantras doivent toujours avoir une tournure positive.

Exemple : au lieu de « Je ne suis pas stressé », optez pour « Je suis en paix ».

2. Soyez PRÉCIS : choisissez des mots qui sont clairs et spécifiques à votre intention.

Exemple : si vous souhaitez renforcer votre confiance, au lieu de simplement dire « Je suis bien », précisez par « Je suis confiant dans mes décisions ».

3. Soyez BREF : un mantra efficace est souvent court et facile à mémoriser.

Exemple : « Je rayonne de joie » est plus impactant que « Chaque jour, je me sens de plus en plus joyeux parce que je choisis de voir le bon côté des choses ».

4. Soyez PRÉSENT : formulez votre mantra au présent, comme si votre intention était déjà une réalité.

Exemple : Au lieu de « Je serai fort », dites « Je suis fort ».

Que vous inventiez vos propres mantras ou que vous preniez ceux que je vous ai suggérés, je vous encourage à les réciter chaque matin ou à tout moment où votre intuition vous dit que vous en avez besoin. Car c'est bien l'intuition, cette petite voix intérieure, qui vous guidera pour savoir quand activer ces mantras. En les récitant consciemment, ils vous aideront à rester aligné avec vos objectifs, renforcer vos intentions, et inviter l'énergie positive dans votre vie.

Tout comme les mantras invoquent la positivité, j'espère sincèrement que mon histoire sera une lueur d'espoir pour vous.

Même si l'on débute avec un passé en miettes, chaque jour est une nouvelle page blanche, où l'on peut consciemment choisir et écrire son propre menu de vie.

Avec la méthode T.A.T.I.N, vous pouvez être à la fois le chef cuisinier qui concocte avec amour et créativité chaque plat de votre existence, et le gourmet qui savoure avec fierté et gratitude chaque moment délicieux de votre parcours

J'ai été un papillon aux ailes brisés lorsque j'étais enfant mais j'ai réussi à prendre mon envol. Avec ce livre, je ne me pose surtout pas en donneuse de leçons et je ne veux certainement pas vous dire quoi faire, comment le pourrais-je ? D'une part, à titre professionnel, c'est totalement en contradiction avec mon métier de coach. D'autre part, à titre personnel, je ne suis pas vous.

Mais à travers mon histoire, ma méthode T.A.T.I.N et les outils que je vous ai fournis, je voudrais partager en toute humilité ce que c'est que le pouvoir de choisir d'être soi et d'être sincère (étymologiquement : sans cire) : la persévérance permet d'atteindre la croissance (« crois-sens »). J'aurais pu baisser les bras, devenir délinquante, j'avais toutes les excuses pour « tourner mal » mais la vie a choisi de me donner plusieurs leçons que j'ai su écouter. Elle m'a offert différentes opportunités que j'ai su saisir.

> « Il y aura toujours une autre opportunité, une autre amitié, un autre amour, une nouvelle force. Pour chaque fin, il y a un nouveau début ».
>
> – Le Petit Prince – A. De St Exupéry

Je veux retenir que réussir à se transformer est de NOTRE responsabilité car on a toujours le pouvoir de choisir. Je veux croire que la grandeur de la récompense va avec la grandeur de l'épreuve.

Étymologiquement, choisir c'est distinguer, voir distinctement ? Pour moi, choisir, c'est donc voir distinctement en soi pour avancer vers son chemin.

Consciemment ou pas, chacun d'entre nous avons perdu ce pouvoir de voir pour rentrer dans des moules sociaux et sociétaux mais sommes-nous réellement heureux de cette situation ? Bien trop souvent, non. Mais on n'ose pas bouger, on reste dans notre casserole d'eau qui se réchauffe et on s'éteint.

C'est l'amour de soi qui nous aide à sortir de cette marmite, à reprendre le pouvoir de nos différentes peurs, limites et croyances. Apprendre à s'accepter avec ses qualités, ses défauts, ses envies, ses différences, ses folies et sa vulnérabilité permet de comprendre que l'on ne peut pas plaire à tout le monde et que nos imperfections peuvent être des forces et que nos échecs sont des apprentissages qui nous aident à grandir. Cela permet aussi de lâcher prise en distinguant ce que l'on peut contrôler de ce que l'on ne peut pas contrôler et en vivant le moment présent car il est un cadeau. D'ailleurs ce n'est pas anodin si ces deux mots sont synonymes.

Si ce livre a une seule ambition, elle serait de vous faire prendre conscience que nous cherchons souvent des réponses à l'extérieur de nous alors qu'elles sont déjà à l'intérieur de nous.

Il suffit de s'écouter et d'accepter. Si vous décidez de vivre votre unicité, vous serez à souvent contre-courant (des normes de la société ou de votre écosystème) et parfois il faudra résister aux pressions, aux remarques, aux désapprobations mais quelle fierté de se sentir authentique et aligné vous ressentirez !

DERNIER EXERCICE

Je partage avec vous un tout dernier outil que j'utilise souvent en coaching : la projection.

La projection vous aide à voir l'objectif à atteindre et vous permet ainsi de rester motivé.

Je vous invite à vous écrire une lettre. Elle sera adressée à votre futur VOUS.

Pour écrire à son futur moi, je vous conseille de :

Le faire en pleine conscience et de choisir un moment et un lieu calme.

Prendre le temps de choisir un papier qui vous plait et de l'écrire à la main. Pourquoi une lettre manuscrite ? L'écriture est une façon de se retrouver avec soi-même pour prendre soin de soi et retrouver un équilibre mental et émotionnel et de prendre de la hauteur (au sens propre et figuré). L'écriture est donc, à lui seul, un outil de développement personnel.

Vous mettre vraiment dans la peau de votre futur VOUS aligné, et épanoui.

Être à l'écoute de vos émotions lors de la rédaction de votre lettre.

Mettre la lettre dans une enveloppe fermée et le jour où vous déciderez de l'ouvrir, vous pourrez mesurer tout le chemin parcouru.

Je vous souhaite sincèrement que cette méthode T.A.T.I.N ait pu vous accompagner pour :

Trouver votre but.

Actionner votre potentiel.

Transformer vos croyances limitantes.

Incarner votre réussite.

Nourrir votre âme.

LES LIVRES QUI ONT ÉCLAIRÉ MON CHEMIN

Chères lectrices, chers lecteurs,

En parcourant les pages de ce livre, vous avez découvert des aspects profonds de mon histoire et de ma méthode T.A.T.I.N.

Je tiens à vous exprimer ma profonde gratitude pour avoir choisi mon livre.

Il est le fruit de nombreuses années de réflexions, d'expériences et de partages. Savoir que mes mots et mes idées ont pu trouver un écho chez vous est pour moi une immense source de joie et de motivation.

Pour compléter ce partage, je souhaite vous ouvrir les portes de ma bibliothèque personnelle - une collection de lectures qui ont non seulement influencé ma pratique professionnelle, mais qui ont aussi apporté lumière et réconfort dans les moments clés de mon existence.

Ces livres ont été mes alliés, m'offrant des perspectives nouvelles et des inspirations précieuses pour forger la philosophie que je vous ai présentée. Ils représentent une variété d'approches et d'idées qui, je l'espère, sauront enrichir votre propre voyage vers l'épanouissement.

Voici donc une sélection de lectures qui m'ont guidée et soutenue :

Inventer sa vie de Jean-Louis Etienne

Les cinq blessures qui empêchent d'être soi-même de Lise Bourbeau

Prendre soin de l'enfant intérieur de Thich Nhât Hanh

Exister : le plus intime et fragile des sentiments de Robert Neuburger

Le sumo qui ne pouvait pas grossir Eric-Emmanuel Schmitt

Le petit Livre de l'Ikigai : La méthode japonaise pour retrouver un sens à sa vie de Ken Mogi

Le principe du petit pingouin de Denis Doucet

Sagesses d'ailleurs pour vivre aujourd'hui : Navajos, Kogis, Maasaï, Tsaatans... Ce qu'ils ont à nous apprendre par Frederika Van Ingen

Les sources de la honte de Vincent de Gaulejac

Se libérer du connu de Jiddu Krishnamurti

Aïe, mes aïeux ! de Anne Ancelin-Schutzenberger

Le moine qui vendit sa Ferrari de Robin S. Sharma et Sonia Schindler

Que ces ouvrages vous apportent autant d'inspiration et de soutien qu'ils en ont apporté à ma vie.

En espérant que cette sélection de lectures vous apporte éclairage et enrichissement, je suis également ravie de vous offrir une opportunité supplémentaire de soutien et d'échanges. Je vous invite à nous rejoindre sur la page Facebook du groupe privé réservé aux lecteurs de la méthode T.A.T.I.N. Cet espace est conçu pour être un lieu d'interaction privilégiée où vous pouvez partager vos expériences, poser des questions, et dialoguer directement avec moi.

Ce groupe vous permettra de prolonger votre voyage de découverte et de croissance personnelle, entouré d'une communauté de personnes engagées dans leur développement personnel. C'est un lieu de partage et de soutien, où chaque membre peut trouver inspiration et conseils pour avancer sur son chemin.

Je me réjouis à l'idée de vous y accueillir et de poursuivre ces échanges enrichissants.

Au plaisir de vous rencontrer sur notre page Facebook dédiée à la méthode T.A.T.I.N.

Avec toute ma gratitude,

www.facebook.com/groups/methode.tatin/

ANNEXES

ANNEXE 1 : TEST DES MESSAGES CONTRAIGNANTS

Pour chaque question, choisissez une réponse parmi les cinq proposées et entourez le chiffre correspondant.

1. Pour prendre une décision, quelle quantité d'information aimez-vous avoir ?

- Presque la totalité 5
- La plus grande partie 4
- Une quantité suffisante 3
- Une quantité modérée 2
- Une petite quantité 1

2. À votre avis, pleurer est-il une faiblesse ?

- Oui, j'en suis convaincu(e) .. 5
- Oui, je le crois 4
- Sans opinion 3
- Non, je ne le crois pas 2
- Non, au contraire 1

3. Ressentez-vous de l'irritation lorsque les autres sont lents ?

- Toujours ou presque 5
- Très souvent 4
- Assez régulièrement 3
- Quelquefois 2
- Rarement 1

4. Vous sentez-vous tenu(e) d'aider les autres ?

- Toujours ou presque 5
- Très souvent 4
- Assez régulièrement 3
- Quelquefois 2
- Rarement 1

5. Faites-vous des efforts pour atteindre vos objectifs ?

- Toujours ou presque 5
- Très souvent 4
- Assez régulièrement 3
- Quelquefois 2
- Rarement 1

6. Vous reprochez-vous vos erreurs ?

- Toujours ou presque 5
- Très souvent 4
- Assez régulièrement 3
- Quelquefois 2
- Rarement 1

7. Demandez-vous « pourquoi es-tu blessé(e) ou triste ? »

- Toujours ou presque 5
- Très souvent 4
- Assez régulièrement 3
- Quelquefois 2
- Rarement 1

8. Arrivez-vous en retard même quand vous vous êtes arrangé(e) pour arriver à temps ?
- Toujours ou presque 5
- Très souvent 4
- Assez régulièrement 3
- Quelquefois 2
- Rarement 1

9. Offrez-vous de l'aide même si l'on ne vous la demande pas ?
- Toujours ou presque 5
- Très souvent 4
- Assez régulièrement 3
- Quelquefois 2
- Rarement 1

10. Prenez-vous du plaisir à réussir sans lutte et sans difficulté ?
- Toujours ou presque 1
- Très souvent 2
- Assez régulièrement 3
- Quelquefois 4
- Rarement 5

11. Estimez-vous toujours adéquat ce que vous faites ?
- Toujours ou presque 1
- Très souvent 2
- Assez régulièrement 3
- Quelquefois 4
- Rarement 5

12. Dites-vous aux autres « il n'y a pas de quoi se lamenter » ?
- Toujours ou presque 5
- Très souvent 4
- Assez régulièrement 3
- Quelquefois 2
- Rarement 1

13. Avez-vous un rythme lent en vous disant qu'il faut vous dépêcher ?
- Toujours ou presque 5
- Très souvent 4
- Assez régulièrement 3
- Quelquefois 2
- Rarement 1

14. Utilisez-vous des expressions comme « pourriez-vous », « pouvez-vous » « voudriez-vous » ?
- Toujours ou presque 5
- Très souvent 4
- Assez régulièrement 3
- Quelquefois 2
- Rarement 1

15. Êtes-vous un(e) adepte de la maxime « Essayez, essayez, essayez encore jusqu'à ce que vous réussissiez » ?
- Toujours ou presque 5
- Très souvent 4
- Assez régulièrement 3
- Quelquefois 2
- Rarement 1

16. Vérifiez-vous plusieurs fois les paroles des autres de crainte d'une erreur ?
- Toujours ou presque 5
- Très souvent 4
- Assez régulièrement 3
- Quelquefois 2
- Rarement 1

17. Vous sentez-vous mal à l'aise par rapport à vos faiblesses ?
- Dans une très large mesure 5
- Dans une mesure importante 4
- Dans une certaine mesure . 3
- Dans une mesure raisonnable 2
- Très peu 1

18. Quelle est votre réaction lorsque vous faites la queue ?
- J'ai horreur de cela 5
- Je n'aime pas cela 4
- Cela ne me gêne pas 3
- J'aime cela 2
- J'adore cela 1

19. Attendez-vous que l'autre ait fini de parler avant de prendre la parole ?
- Toujours ou presque 5
- Très souvent 4
- Assez régulièrement 3
- Quelquefois 2
- Rarement 1

20. Vous détendez-vous lorsque vous en avez l'occasion ?
- Toujours ou presque 1
- Très souvent 2
- Assez régulièrement 3
- Quelquefois 4
- Rarement 5

21. Dans vos actions, essayez-vous toujours d'atteindre la perfection ?
- Toujours ou presque 5
- Très souvent 4
- Assez régulièrement 3
- Quelquefois 2
- Rarement 1

22. Maitrisez-vous vos émotions ?
- Toujours ou presque 5
- Très souvent 4
- Assez régulièrement 3
- Quelquefois 2
- Rarement 1

23. Le silence vous met-il mal à l'aise ?
- Dans une très large mesure 5
- Dans une mesure importante 4
- Dans une certaine mesure . 3
- Dans une mesure raisonnable 2
- Très peu 1

24. Vérifiez-vous si les autres sont satisfaits de vous et de vos actes ?

- Toujours ou presque 5
- Très souvent 4
- Assez régulièrement 3
- Quelquefois 2
- Rarement 1

25. Utilisez-vous des tournures comme « j'essaierai », « je n'y arriverai pas », « c'est difficile » ?

- Toujours ou presque 5
- Très souvent 4
- Assez régulièrement 3
- Quelquefois 2
- Rarement 1

26. Vous sentez-vous tenu(e) à la précision de vos communications ?

- Toujours ou presque 5
- Très souvent 4
- Assez régulièrement 3
- Quelquefois 2
- Rarement 1

27. Réagissez-vous à des problèmes en disant par exemple « sans commentaire », « je m'en fous », « je ne sais pas ce que je ressens », « cela n'a pas d'importance » ?

- Toujours ou presque 5
- Très souvent 4
- Assez régulièrement 3
- Quelquefois 2
- Rarement 1

28. Pianotez-vous ou tapez-vous des pieds en signe d'impatience ?

- Toujours ou presque 5
- Très souvent 4
- Assez régulièrement 3
- Quelquefois 2
- Rarement 1

29. Pensez-vous que vous devez rendre les autres heureux ?

- Toujours ou presque 5
- Très souvent 4
- Assez régulièrement 3
- Quelquefois 2
- Rarement 1

30. Vous dites-vous ou dites-vous aux autres « au moins j'ai essayé » ou des phrases semblables ?

- Toujours ou presque 5
- Très souvent 4
- Assez régulièrement 3
- Quelquefois 2
- Rarement 1

31. Dites-vous « cela n'est pas tout à fait exact, voici une autre proposition » ?

- Toujours ou presque 5
- Très souvent 4

- Assez régulièrement 3
- Quelquefois 2
- Rarement 1

32. Vous tenez-vous droit, les bras croisés et les mains raides ?

- Toujours ou presque 5
- Très souvent 4
- Assez régulièrement 3
- Quelquefois 2
- Rarement 1

33. Remettez-vous à plus tard pour ensuite vous précipiter à la dernière minute ?

- Toujours ou presque 5
- Très souvent 4
- Assez régulièrement 3
- Quelquefois 2
- Rarement 1

34. Pensez-vous qu'une tâche n'a de valeur que si quelqu'un l'approuve ?

- Toujours ou presque 5
- Très souvent 4
- Assez régulièrement 3
- Quelquefois 2
- Rarement 1

35. Préférez-vous le combat à la victoire ?

- Toujours ou presque 5
- Très souvent 4
- Assez régulièrement 3
- Quelquefois 2
- Rarement 1

Reportez le chiffre de chaque réponse dans le tableau suivant :

1	2	3	4	5
6	7	8	9	10
11	12	13	14	15
16	17	18	19	20
21	22	23	24	25
26	27	28	29	30
31	32	33	34	35
Total :	Total :	Total :	Total :	Total :
Sois parfait	Sois fort	Dépêche-toi	Fais plaisir	Fais des efforts

N.B. Les tests sont mis à votre disposition à titre d'information mais rien ne vaut l'accompagnement d'un professionnel pour appréhender correctement les résultats.

Message contraignant principal :..

Message contraignant secondaire :..

Les personnes qui ont grandi sous l'influence du :

« Sois parfait », luttent pour la perfection ou attendent des autres qu'ils le soient. Pour elles, il ne faut rien laisser au hasard et considérer tous les détails.

Croyance fausse et nuisible : un être humain peut faire les choses à la perfection.

« Dépêche-toi », doivent toujours aller le plus vite possible. Ces personnes croient que tout doit être fait au moment même. Mieux vaut aller vite que de perdre son temps !

Croyance fausse et nuisible : on ne fait bien les choses que vite.

« **Fais un effort** » ne (se) faciliteront jamais les choses. Tout est difficile et les autres doivent peiner avec elles. Il est important pour elles de montrer de l'acharnement.

Croyance fausse et nuisible : quelqu'un qui en bave finit toujours par réussir.

« **Fais plaisir** » pensent qu'il vaut mieux être bien avec les autres et, pour cela, se montrer dévoué, aimable, gentil à leur égard. En général, elles attachent aussi beaucoup d'importance au fait d'être « aimé » et « approuvé ». Elles demandent souvent si ce qu'elles font est satisfaisant.

Croyance fausse et nuisible : il y a moyen de faire plaisir à tout le monde.

« **Sois fort** » se veulent stoïques, ce qui les amène à cacher leurs émotions et leur douleur. Les changements de ton de voix et les manifestations extérieures d'intérêt ne sont pas leur fort. Exprimer des sentiments est pour elles un signe de faiblesse.

Croyance fausse et nuisible : c'est important de faire croire qu'on est fort. S'écouter est un signe de faiblesse.

Comment s'en libérer ?

Si vous vous rendez compte que vous dépendez d'un (ou plusieurs) message(s) contraignant(s), compensez-les par des messages « permissifs ».

Petit à petit, ces phrases « antidotes » vous permettront de vous accepter, et encore mieux, d'utiliser toute votre énergie pour accomplir tout ce que vous entreprenez dans l'authenticité.

Tenez compte de la manifestation de ces « drivers » dans vos discussions, dans vos expressions, dans votre façon de vous percevoir, dans votre vie quotidienne pour mieux en prendre conscience. Que ce soit dans votre travail ou dans votre vie de tous les jours.

ANNEXE 2 : TEST DES INTELLIGENCES MULTIPLES

Pendant des décennies, on a pensé que l'intelligence était une fonction mentale unitaire qui décrivait notre capacité à solutionner les problèmes, fondamentalement dans la zone logique mathématique.

Cependant, il y a presque trente ans, Howard Gardner, professeur en sciences de l'éducation à Harvard, a remis en question cette idée et l'a fait avec de bons arguments. Son alternative face à la conception globale d'intelligence a été la théorie des intelligences multiples.

Ainsi, H. Gardner s'est rendu compte que les personnes n'avaient pas une intelligence globale qui pouvait être appliquée à toutes les sphères de leur vie, mais qu'elles développaient différents types d'intelligence, ce que Gardner appelle les intelligences multiples.

Ainsi, les dernières théories en psychologie sur la multiplicité des intelligences laissent derrière elles la conception plus classique, et probablement injuste, de l'intelligence.

Votre intelligence ne se limite donc pas aux seules capacités verbales ni logico-mathématiques évaluées par les tests de QI. Il existe d'autres formes d'intelligences qui sont tout aussi nécessaires à la réussite personnelle et professionnelle.

H. Gardner défend la thèse selon laquelle l'intelligence, comme elle est traditionnellement définie, ne prend pas suffisamment en compte la large variété des capacités humaines. Il affirme ainsi que « l'intelligence est tout à la fois la capacité de résoudre des problèmes et celle de créer des produits qui enrichiront la culture et la communauté ».

À partir d'études scientifiques, H. Gardner a identifié huit formes d'intelligence différentes qui se construisent en fonction des dispositions naturelles que les personnes auront ou non cultivées. Elles sont décrites dans sa théorie qu'il peaufine depuis 1983. Il s'agit de l'intelligence interpersonnelle, intrapersonnelle, spatiale, musicale, écologique, kinesthésique, verbale et logique.

La théorie des intelligences multiples comprend la compétence cognitive comme un ensemble d'habilités, de talents et de capacités mentales que l'on appelle « intelligences ».

H. Gardner définit l'intelligence **comme une capacité et non comme quelque chose d'inné et d'inamovible.**

On avait tendance à croire que l'on naissait intelligent ou non et que l'éducation ne pouvait rien changer à ce fait. Cette croyance était tellement ancrée dans les esprits qu'à certaines époques de l'histoire et pas si éloignées de la nôtre, on n'éduquait pas les personnes qui présentaient des déficiences mentales, car on considérait cela comme un effort inutile.

Définir l'intelligence comme une capacité en fait une habileté que l'on peut développer. H. Gardner ne nie pas la composante génétique, mais soutient que ces potentialités se développeront d'une manière ou d'une autre en fonction de l'environnement, des expériences vécues, de l'éducation reçue, etc.

Cette théorie est devenue un outil utilisé notamment afin de développer, de réparer l'estime de soi.

N.B. Sur le plan scientifique, la théorie des intelligences multiples de Howard Gardner fait l'objet de très nombreuses critiques, car sa théorie n'est pas validée par les recherches expérimentales sur l'intelligence humaine.

CE QU'IL FAUT RETENIR :

- Chaque personne possède toutes les formes d'intelligence à des niveaux différents
- Il est possible de développer davantage chacune des formes d'intelligence.
- Ce petit test a pour but d'aider chacun à reconnaître ses ressources et d'inciter chacun à continuer de se développer ; elles ne sont pas là pour vous mettre dans des cases ni vous étiqueter.

 CONSIGNE :

Parmi les 80 affirmations suivantes, encercler celles qui correspondent le plus à ce que vous êtes.

1. J'aime les livres parlant d'animaux.
2. J'aime raconter des anecdotes et des plaisanteries.
3. Je bouge constamment et je préfère être en action que de rester assis.
4. J'aime écrire mes pensées dans un journal personnel.
5. J'aime organiser des activités sociales.
6. À la lecture de la description d'un lieu, je me le représente facilement.
7. J'aime comprendre le fonctionnement des choses.
8. Je reproduis facilement des rythmes avec des objets.
9. J'aime participer à des présentations orales.
10. J'ai du rythme quand je danse.
11. J'aime faire de la décoration.
12. J'aime organiser l'information d'une façon structurée.
13. Je suis passionné par les phénomènes naturels.
14. Je préfère le travail d'équipe au travail individuel.
15. J'aime me retrouver seul pour travailler.
16. J'aime la danse.
17. Je me préoccupe du bien-être des autres.
18. Je visualise facilement des objets ou des situations dans ma tête.
19. J'adore écrire des lettres.
20. Je suis très sensible à l'intonation et au ton.
21. J'aime observer les oiseaux.
22. J'aime manipuler des objets et faire des maquettes.
23. J'aime faire appel à différentes stratégies pour résoudre des difficultés.
24. Les gens qui m'entourent me perçoivent comme une personne sage et me consultent souvent pour avoir mon avis.
25. J'aime rencontrer de nouvelles personnes.
26. Je visite les zoos avec intérêt.

27. J'ai besoin de travailler à mon rythme dans des projets que j'ai choisis.
28. J'ai des arguments logiques pour expliquer ce que je fais.
29. J'ai de la facilité en orthographe.
30. J'aime taper des mains ou du pied en écoutant la musique.
31. J'aime réaliser des cartes d'organisation d'idées.
32. Je suis très habile à démonter et à remonter des objets (moteur, calculatrice…).
33. J'aime faire du calcul mental.
34. J'aime me perdre dans mes réflexions.
35. Je m'oriente facilement dans un nouvel endroit.
36. J'aime jouer d'un instrument de musique.
37. J'aime les photographies de paysages illustrant la faune et la flore.
38. J'aime les arts plastiques.
39. J'aime les jeux impliquant des mots (scrabble, mots croisés, mots mystères…).
40. Je suis ouvert aux opinions des autres.
41. J'aime écouter des émissions scientifiques.
42. Je m'adapte facilement aux différentes personnes (âge, culture, valeurs…) et y trouve de l'intérêt.
43. J'aime regarder des événements sportifs et en parler.
44. Je peux facilement identifier divers styles de musique.
45. Mes objectifs d'avenir sont bien définis.
46. J'aime improviser et jouer au théâtre.
47. Je collectionne des objets (animaux, insectes) se rapportant à la nature.
48. J'aime connaître la signification des mots.
49. J'aime expliquer aux autres ce que j'ai appris.
50. J'ai de la facilité à identifier les émotions que je ressens.
51. J'aime fredonner des mélodies.
52. En classe, j'aime jouer avec les objets qui sont à ma portée.
53. J'ai de la facilité à organiser mentalement mes idées.
54. J'ai toujours eu ou voulu avoir des animaux domestiques.
55. Je saisis facilement les sentiments et les émotions des autres.

56. J'adore dessiner.
57. J'aime résoudre des casse-têtes.
58. J'aime chanter sans musique (a capela).
59. Je connais bien mes goûts et mes préférences.
60. Je m'intéresse aux idées des autres.
61. J'aime installer des mangeoires pour les animaux sauvages ou les oiseaux.
62. Je mémorise facilement ce que je lis.
63. J'aime les énigmes, les jeux d'enquête et de stratégies.
64. J'aime les arts parce que je peux travailler avec mes mains (dessin, couture...).
65. J'aime écouter des histoires et des poèmes.
66. Je suis sensible aux bruits de mon environnement (la pluie, la photocopieuse, l'horloge...). 67. J'aime aller à la ferme.
68. J'aime les cours de mathématique.
69. J'aime pratiquer différents sports.
70. Presque toutes les questions m'inspirent une opinion précise et assurée.
71. J'aide les gens à résoudre leurs problèmes et leurs conflits.
72. J'ai un bon sens de l'observation.
73. Je n'ai pas besoin de récompenses pour être motivé.
74. Je comprends rapidement, je fais facilement des liens entre les idées.
75. Je me sens bien lorsque je suis dans la forêt.
76. Je trouve facilement des ressemblances entre des mélodies.
77. J'aime imiter les gestes des autres.
78. J'aime les sports d'équipe et les activités de coopération.
79. À partir d'un plan, je m'imagine facilement le produit final.
80. J'ai un grand intérêt pour les langues étrangères.

Résultats :

Verbo-linguistique : 2 – 9 – 19 – 29 – 39 – 48 – 49 – 62 – 65 – 80 =
Logico-mathématique : 7 – 12 – 23 – 28 – 33 – 41 – 53 – 63 – 68 – 74 =
Visuelle-spatiale : 6 – 11 – 18 – 31 – 35 – 38 – 56 – 57 – 72 – 79 =
Corporelle-kinesthésique : 3 – 16 – 22 – 32 – 43 – 46 – 52 – 64 – 69 – 77 =
Naturaliste : 1 – 13 – 21 – 26 – 37 – 47 – 54 – 61 – 67 – 75 =
Musicale : 8 – 10 – 20 – 30 – 36 – 44 – 51 – 58 – 66 – 76 =
Intrapersonnelle : 4 – 15 – 24 – 27 – 34 – 45 – 50 – 59 – 70 – 73 =
Interpersonnelle : 5 – 14 – 17 – 25 – 40 – 42 – 55 – 60 – 71 – 78 =

L'intelligence musicale est la capacité de penser en rythmes et en mélodies, de reconnaitre des modèles musicaux, de les mémoriser, de les interpréter, d'en créer, d'être sensible à la musicalité des mots et des phrases...

À l'âge de pierre, la musique jouait un rôle rassembleur. C'est d'ailleurs encore le cas dans un certain nombre de cultures. Dès la petite enfance, il existe une capacité «brute» concernant l'aspect musical. Les virtuoses en ce domaine manifestent leur intelligence en vous faisant vibrer par des nuances, des changements de rythme et d'autres variantes transmises par leur instrument de musique ou leur voix. Mozart est un bon modèle de cette forme d'intelligence.

L'intelligence intrapersonnelle est l'aptitude à faire de l'introspection, c'est-à-dire à revenir à l'intérieur de soi, à identifier ses sentiments, à analyser ses pensées, ses comportements et ses émotions.

Cette forme d'intelligence permet de se comprendre soi-même, de voir ce qu'on est capable de faire, de constater ses limites et ses forces, d'identifier ses désirs, ses rêves et de comprendre ses réactions. C'est aussi la capacité d'aller chercher de l'aide en cas de besoin. En somme, c'est être capable d'avoir une représentation assez juste de soi.

Cette forme d'intelligence permet de résoudre des problèmes reliés à notre personnalité et de travailler sur soi. Elle fonctionne en étroite relation avec l'intelligence interpersonnelle, car pour bien fonctionner avec les autres, il faut être conscient de ses propres émotions et savoir les contrôler.

Goleman, l'auteur de *L'intelligence émotionnelle* est un exemple de ce type d'intelligence.

L'intelligence spatiale permet à l'individu d'utiliser des capacités intellectuelles spécifiques qui lui procurent la possibilité de se faire, mentalement, une représentation spatiale du monde.

Les Amérindiens voyagent en forêt à l'aide de leur représentation mentale du terrain. Ils visualisent des points de repère : cours d'eau, lacs, type de végétation, montagnes... et s'en servent pour progresser ; des navigateurs autochtones font de même et naviguent sans instrument dans certaines îles du Pacifique.

L'intelligence visuelle permet de créer des œuvres d'art et artisanales, d'agencer harmonieusement des vêtements, des meubles, des objets, de penser en images.

Les géographes, les peintres, les dessinateurs de mode, les architectes, les photographes, les caméramans mettent à profit ce potentiel intellectuel.

L'architecte Le Corbusier est un bon exemple.

L'intelligence linguistique (ou verbale) consiste à utiliser le langage pour comprendre les autres et pour exprimer ce que l'on pense.

Tout comme l'intelligence logico-mathématique, on la mesure dans les tests de QI.

Elle permet l'utilisation de la langue maternelle, mais aussi d'autres langues. C'est aussi l'intelligence des sons, car les mots sont des ensembles de sons.

Les personnes auditives ont ainsi beaucoup plus de facilité à entendre des mots que de voir et retenir des images.

Tous les individus qui manipulent le langage à l'écrit ou à l'oral utilisent l'intelligence linguistique : orateurs, avocats, poètes, écrivains, mais aussi les personnes qui ont à lire et à parler dans leur domaine respectif pour résoudre des problèmes, créer et comprendre.

Victor Hugo maitrisait à merveille ce type d'intelligence.

L'intelligence logico-mathématique

Les chercheurs en biologie, en informatique, en médecine, en science pure ou en mathématique font preuve d'intelligence logico-mathématique. Ils utilisent les capacités intellectuelles qui y sont rattachées, soient la logique, l'analyse, l'observation, la résolution de problèmes. Cette forme d'intelligence permet l'analyse des causes et conséquences d'un phénomène, l'émission d'hypothèses complexes, la compréhension des principes pas toujours évidents derrière un phénomène, la manipulation des nombres, l'exécution des opérations mathématiques et l'interprétation des quantités.

Il existe une dimension non-verbale et abstraite dans ce type de fonctionnement du cerveau, car des solutions peuvent être anticipées avant d'être démontrées.

Einstein est représentatif de cette forme d'intelligence.

L'intelligence kinesthésique est la capacité d'utiliser son corps ou une partie de son corps pour communiquer ou s'exprimer dans la vie quotidienne ou dans un contexte artistique ; pour réaliser des tâches faisant appel à la motricité fine ; pour apprendre en manipulant des objets ; pour faire des exercices physiques ou pratiquer des sports. Mario Lemieux est un bon exemple, on dit de lui qu'il fait des feintes et des passes intelligentes. Il existe donc un potentiel intellectuel qui permet par exemple au joueur de ballon panier de calculer la hauteur, la force et l'effet du lancer au panier.

Le cerveau anticipe le point d'arrivée du ballon et met en branle une série de mouvements pour résoudre le problème. L'expression de ses émotions par le corps, les performances physiques ainsi que l'utilisation adroite d'outils indiquent la présence d'un potentiel intellectuel à ce niveau.

L'intelligence naturaliste est l'intelligence de l'amérindien, du biologiste, du botaniste, de l'écologiste, de l'océanographe, du zoologiste, de l'explorateur, du chasseur, du pêcheur et du chef cuisinier.

L'individu est capable de classifier, de discriminer, de reconnaitre et d'utiliser ses connaissances sur l'environnement naturel, les animaux, les végétaux ou les minéraux.

Il a une habileté à reconnaitre des traces d'animaux, des modèles de vie dans la nature, à trouver des moyens de survie ; il sait que les animaux ou plantes sont à éviter, de quelles espèces il peut se nourrir. Il a un souci de conservation de la nature.

Souvent les personnes chez lesquelles cette forme d'intelligence est bien développée aiment posséder un cahier de notes d'observation ou garder leurs observations en mémoire ; elles aiment prendre soin d'animaux, cultiver un jardin et sont en faveur de l'établissement de parcs dans leur ville ; elles sont adeptes de la conservation de leur environnement.

Les peuples indigènes utilisent cette forme d'intelligence de façon exceptionnelle.

L'intelligence interpersonnelle (ou sociale) permet à l'individu d'agir et de réagir avec les autres de façon correcte.

Elle l'amène à constater les différences de tempérament, de caractère, de motifs d'action entre les individus. Elle permet l'empathie, la coopération, la tolérance.

Elle permet de détecter les intentions de quelqu'un sans qu'elles ne soient ouvertement avouées.

Cette forme d'intelligence permet de résoudre des problèmes liés aux relations avec les autres ; elle permet de comprendre et de générer des solutions valables pour aider les autres. Elle est caractéristique des leaders et des organisateurs.

Dans les sociétés préhistoriques, l'organisation sociale était importante, la chasse nécessitait la collaboration et la participation du clan. Les groupes gravitaient autour d'un chef qui en assurait la solidarité et la cohésion.

Mère Teresa mettait à profit son intelligence interpersonnelle de façon exceptionnelle.

ANNEXE 3 : LA RÈGLE DES 21/90 : UNE RÈGLE PUISSANTE POUR AVANCER DANS LA VIE ?

*Il faudrait 21 jours pour ancrer une habitude
et 90 jours pour que ça devienne un mode de vie.*

21 jours pour changer une habitude

Pourquoi 21 jours (et pas 30 par exemple) et comment une action devient une habitude ?

Définition : L'habitude est une disposition acquise, relativement permanente et stable, qui devient une sorte de seconde nature. La raison pour laquelle former une habitude est très positive, c'est qu'une habitude est… automatique.

Comment prend-on une habitude ?

Une habitude est une action que vous allez répéter et qui passera successivement par quatre phases d'apprentissage qui peuvent se résumer de la façon suivante (rappel du chapitre 4) :

1. Inconscient incompétent

La personne n'a pas les compétences et n'a pas conscience de ce manque de compétence. A cette étape il y a donc insuffisance de savoir ou d'expérience pour comprendre ou mettre en œuvre un principe d'action, utiliser une compétence. La personne ne sait pas qu'elle n'a pas la capacité à comprendre ni à faire.

2. Conscient incompétent

La personne prend conscience de son manque de compétence. A cette étape la personne possède assez de savoir et/ou d'expérience pour réaliser qu'elle n'est pas capable de comprendre ou d'appliquer une règle ou d'utiliser une aptitude ou bien la personne croit qu'elle n'est pas capable de comprendre ou faire.

3. Conscient compétent

La personne s'engage dans le processus conscient d'acquisition de la compétence manquante. La personne a atteint le seuil de savoir suffisant pour comprendre et communiquer sur un principe d'action. Cependant l'expérience reste insuffisante pour faire de façon efficace.

4. Inconscient compétent

La personne atteint un stade où la compétence est complètement installée et ne nécessite plus d'accompagnement. La personne a atteint un seuil d'expérience suffisant pour appliquer un principe d'action, utiliser une aptitude. La performance des experts est basée sur une compétence inconsciente.

Voulez-vous un exemple ?

VOICI UN EXERCICE CONNU, CELUI DU TIROIR DE COUVERTS.

Comme la plupart des cuisines, la vôtre est sûrement équipée d'un tiroir à couverts. Celui vers lequel vous vous dirigez spontanément pour prendre votre fourchette, sans avoir à réfléchir, justement car vous en avez l'habitude.

Voici le principe de l'exercice (prévenir le reste de la famille si vous ne voulez pas vous faire disputer).

Prenez le tiroir à couverts et déplacez le dans un autre meuble de la cuisine (et surtout notez la date).

À partir de ce moment, étant donné que vous savez pourquoi vous avez changé de tiroir, vous êtes directement en phase 2 : incompétence consciente. Mais une personne qui n'est pas au courant de votre exercice, serait en phase 1 (incompétence inconsciente) : je ne sais pas que je ne sais pas où est le tiroir.

Bref, vous êtes maintenant au courant de votre incompétence à trouver le tiroir naturellement, donc il faut réfléchir à chaque fois que vous allez chercher un couvert. Vous êtes donc en phase 3, de compétence consciente. Et cette phase dure un certain nombre de jours avant que vous trouviez le tiroir naturellement. Vous avez maintenant changé votre habitude. C'est de la compétence inconsciente… et il faut en moyenne 21 jours.

Pourquoi 21 jours ?

1 - Le premier à avoir avancé le nombre de 21 jours fut le Dr Maxwell Maltz, dans son livre Psycho-Cybernetics. Dans les années 60, le docteur Maltz était un célèbre chirurgien esthétique. Il avait constaté qu'il fallait au minimum 21 jours à ses patients pour accepter leur transformation physique suite à leur opération. Le docteur Maltz s'intéressait aussi à la psychologie : il remarqua que cette règle des 21 jours s'appliquait à tout changement qu'un individu souhaite entreprendre.

2 - Un test a été effectué par une Université au Canada dans les années 90. Il consistait dans le fait de faire choisir pour chacun des volontaires une habitude à adopter ou à modifier.

Il a mis en évidence qu'il fallait en MOYENNE 21 jours pour que l'habitude soit changée au niveau du cerveau.

Changez vos habitudes en 21 jours

Votre vie est la somme de toutes vos habitudes, de routines. Certaines sont bonnes ; d'autres sont mauvaises.

Dès aujourd'hui, faites la liste :

→ Des habitudes que vous souhaitez perdre, et éradiquez-les une par une (une à la fois !)
et/ou
→ Des habitudes que vous souhaitez prendre (travaillez-les également une par une) et effectuez-les quotidiennement pendant 21 jours minimum.

Il va vous falloir des efforts les premiers jours, mais au bout de 3 semaines :

→ La mauvaise habitude aura quasiment disparu de votre vie et vous pourrez supprimer la suivante.
ou
→ Cette bonne habitude deviendra une routine et il vous faudra attendre encore et persévérer pendant 90 jours pour que cela devienne un mode de vie !

Mais attention, vos efforts doivent être continus et sans relâche.

À la moindre « rechute », vous devrez recommencer dès le début.

Et la règle des 90 jours ?

Il s'agit d'un principe de la neuroplasticité, c'est-à-dire la faculté qui permet au cerveau de modifier sa propre structure et son fonctionnement en réaction à l'activité et à l'expérience mentales. On parle de plasticité neuronale.

D'abord, qu'est-ce qu'un neurone ?

Un neurone, ou cellule nerveuse, est une cellule excitable constituant l'unité fonctionnelle de base du système nerveux. Les neurones assurent la transmission d'un signal bioélectrique appelé influx nerveux.

Ils ont deux propriétés physiologiques :

1. L'excitabilité, c'est-à-dire la capacité de répondre aux stimulations et de convertir celles-ci en impulsions nerveuses.
2. La conductivité, c'est-à-dire la capacité de transmettre les impulsions.

Le cerveau n'est plus considéré comme le cerveau-roi. La communication est constante entre ce dernier, votre organisme et le monde extérieur et ce, par la voie de vos neurones.

Par exemple, notre intestin contient une multitude de neurones, pas moins de 100 millions !

Du côté fonctionnel, le cerveau est donc toujours relié au reste de l'organisme et, par l'intermédiaire des sens, au monde extérieur.

Eric Kandel, prix Nobel de physiologie en 2000, est le chercheur à l'origine de la découverte que le nombre de connexions entre les neurones augmentent au cours du processus d'apprentissage. Il a aussi prouvé que l'apprentissage peut « éveiller » des gènes capables de modifier la structure neuronale.

Notre génétique n'est donc pas une entité statique. On parle d'ailleurs maintenant de gènes de prédisposition.

Vos habitudes de vie éveilleront certains gènes ou les inhiberont.

Les nouvelles connaissances du dernier siècle prouvent plus que jamais que votre santé est entre vos mains. Merci à votre système nerveux ! Prenez-en soin !

Alors finalement, qu'en est-il de la véracité à répéter une habitude pendant 90 jours pour s'assurer d'un meilleur ancrage ? En réalité, nous ne savons pas s'il faut 89 ou 91 jours.

Il faut voir ces deux règles (21 j et 90 j) comme des moyens mnémotechniques car d'une part, elles n'ont aucun fondement scientifique. D'autre part, ces règles dépendent de la personne, du contexte, de l'habitude à mettre en place.

Selon l'habitude à créer, entre 18 et 250 jours sont nécessaires pour mettre en place un degré d'automaticité suffisant pour estimer que l'habitude est réellement mise en place. En moyenne, 66 jours sont nécessaires pour activer un nouveau comportement.

Ce qui est certain : les répétitions prolongées d'une activité reliant plusieurs neurones, accélèrent et intensifient les signaux émis par ces derniers. L'efficacité neuronale s'en voit augmentée ainsi que la capacité à réaliser la tâche en question.

Il s'agit d'une loi fondamentale de la neuroplasticité, les neurones qui s'activent ensemble se connectent ensemble.

En pratique, chaque fois que vous apprenez quelque chose de nouveau, plusieurs groupes de neurones se connectent les uns aux autres. L'inverse est également vrai. À partir du moment où vous cessez de pratiquer une activité sur une assez longue période, les connexions s'affaiblissent, et un grand nombre d'entre elles finissent par disparaître (mais peuvent être réactivées).

Il s'agit là d'un exemple d'une loi plus générale de la plasticité selon laquelle « ce qui n'est pas utilisé s'efface ».

Cela vous motive-t-il à maintenir vos bonnes habitudes de vie ?

Répétez-les pour les intégrer et persistez !

Et comme l'écrivait Aristote : « Nous sommes ce que nous faisons à répétition ».

ASTUCES DE COACH

Questionnez-vous à savoir pourquoi avoir choisi cet objectif plutôt qu'un autre.

Probablement que cet objectif vous permettra de vous sentir mieux et d'être en accord avec vous, vos valeurs intrinsèques. Réfléchir à cette question vous aide à identifier vos sources profondes de motivation pour mieux vous connaître.

En réalisant un premier pas vers votre objectif, vous renforcez votre confiance à en faire un deuxième, puis un troisième, afin de créer une habitude. On recommande souvent de penser à comment vous vous sentirez lorsque l'objectif sera atteint, car cela donne une motivation et une direction à ses efforts. Parfois cependant, cela peut sembler loin devant. Dans ce cas, pensez à réévaluer l'objectif ou le diviser en sous-objectifs, plus modestes mais aussi plus réalisables.

ANNEXE 4 : L'ÉCHELLE DES COMPORTEMENTS

L'échelle des comportements met en évidence deux grands types de comportements : les comportements orientés sur les problèmes et les comportements orientés sur les solutions.

À travers cette échelle graduée, on voit bien le chemin à parcourir pour passer d'un comportement négatif à un comportement positif. Plus on monte, plus on se dirige vers la solution du problème. Plus souvent utilisée pour générer des relations interpersonnelles positives, je la détourne pour adapter son comportement envers soi-même.

Comportements orientés solutions
- IMAGINER — Inventer des solutions
- ANALYSER — Identifier les causes et les conséquences
- PALLIER — Remédier de façon provisoire au problème
- ASSUMER — Accepter sa part de responsabilité dans ce qui arrive

Comportements orientés problèmes
- SE JUSTIFIER — Puiser dans ses ressources pour ne pas assumer
- ACCUSER — Attaquer, dénoncer
- NIER — Refuser de voir la réalité
- IGNORER — Ne pas avoir conscience du problème

Comment l'utiliser ?

L'idée est simple. Face à une situation donnée (problème, changement, difficulté, préoccupation), chaque individu peut se comporter de deux façons différentes : positives ou négatives.

Pour aller du négatif vers le positif, il faut passer certaines étapes « obligatoires » et l'échelle des comportements permet d'identifier ces étapes et d'appréhender le chemin à parcourir pour aller vers un changement positif.

Comme vous le constatez sur le schéma, il y a donc :

→ **4 comportements négatifs** (en orange sur l'échelle) : ignorer, nier, accuser, se justifier. Si votre dialogue intérieur n'est que sur ces 4 registres, cela n'aide pas à trouver une solution à la situation !

→ **4 comportements positifs** (en bleu sur l'échelle) : pallier, analyser, corriger et imaginer. Si vous appliquez avec bienveillance ces actions, alors vous pouvez donner une issue positive à une situation qui vous gêne, bloque, perturbe.

ANNEXE 5 : LA RECETTE DE LA TARTE TATIN

Ingrédients :

- 8 pommes Golden (ou une autre variété sucrée et acide)
- 200 g de sucre
- 125 g de beurre doux
- 1 pâte feuilletée (faite maison pour un résultat optimal)
- 1 cuillère à café de cannelle (optionnel)
- 1 cuillère à café de cardamome moulue (optionnel)
- 1 gousse de vanille

Instructions :

Préparation des pommes : Pelez les pommes, coupez-les en quartiers et retirez le cœur.

Le caramel : Dans une poêle ou une casserole, faites fondre le sucre à feu moyen sans remuer jusqu'à ce qu'il commence à se caraméliser et prenne une couleur dorée. Ajoutez le beurre en morceaux, la gousse de vanille fendue en deux dans le sens de la longueur et les épices si vous choisissez de les utiliser. Mélangez doucement jusqu'à ce que le beurre soit complètement fondu et intégré au caramel.

Disposer les pommes : Disposez les quartiers de pommes, côté bombé vers le bas, directement dans le caramel. N'appuyez pas sur les pommes, elles doivent juste toucher le caramel.

Préparation de la tarte : Préchauffez votre four à 180 °C (th.6). Disposez la pâte feuilletée sur le dessus des pommes, en rentrant les bords à l'intérieur de la poêle. Piquez la pâte avec une fourchette pour permettre à la vapeur de s'échapper pendant la cuisson.

Cuisson de la tarte : Enfournez la tarte pendant environ 40-45 minutes, ou jusqu'à ce que la pâte soit bien dorée.

Démoulage : Laissez la tarte refroidir pendant 15 minutes après la sortie du four. Ensuite, placez une grande assiette sur la poêle et retournez la tarte sur l'assiette. Faites attention à ne pas vous brûler avec le caramel chaud.

Trucs et Astuces :

- Lorsque vous disposez les pommes dans le caramel, essayez de les disposer aussi serrées que possible. Elles réduisent pendant la cuisson, donc plus elles sont serrées, mieux c'est.

Pour un caramel plus riche, essayez d'utiliser du sucre roux au lieu du sucre blanc.

Ajouter un peu de zeste de citron à la pâte feuilletée peut donner une touche acidulée agréable qui équilibre la douceur de la tarte. Vous pouvez aussi saupoudrer un peu de sucre sur la pâte avant de la cuire pour une croûte plus croustillante et sucrée.

Table des matières

Introduction 11

Chapitre 1 | Tranquilliser son enfant intérieur 25

    Sécuriser son enfant intérieur 25
- Comprendre ses croyances limitantes 31
- Panser ses blessures émotionnelles 38

    Explications du concept 40

    Conte à lire 45
- Se libérer de ses peurs 46
- S'imposer une discipline du plaisir 50

    Conte à méditer 54

Chapitre 2 | Accepter les choses de la vie 57

    L'acceptation inconditionnelle de soi 57
    Se pardonner et dire adieu au sentiment de culpabilité 61
    Identifier vos valeurs 63
    Accepter les compliments 68
    Doper sa confiance en soi pour agir avec assurance 70
    Les neuf clés de l'estime de soi 77
    Apprendre le lâcher-prise 84

    Conte à lire 86

    Abandonner nos résistances 92
    Accueillir ses émotions 93

    Conte à méditer 100

Chapitre 3 | Trouvez son Ikigaï 103

    Le concept 103
    Les dix lois de l'Ikigaï 108
    La quête de sens 122

Conte à lire *130*
Les diagrammes de Venn 131
Conte à méditer *144*

Chapitre 4 | Inventer sa vie 147

L'alignement physique, émotionnel et intellectuel 147
Faire confiance à son intuition 155
La loi de l'attraction 157
Conte à lire *160*
Sortir de sa zone de confort 162
Se détacher du regard des autres 165
Développez vos points forts au lieu de réparer vos faiblesses .. 173
Oser être soi 174
Les dix biais qui nous empêchent d'oser être nous-même 177
Se reconnecter à soi-même 180
Conte à méditer *188*

Chapitre 5 | Savoir dire non, c'est savoir dire oui à SOI 191

S'affirmer 191
Le triangle de Karpman 197
Conte à lire *199*
Identifier ses besoins 202
Comment dire non ? 207
Conte à méditer *210*

Chapitre 6 | Vers une vie équilibrée 213

Les sept piliers d'une vie équilibrée 213
La roue de la vie 223
Il est où le bonheur ? Renforcer son locus de contrôle avec la méthode T.A.T.I.N 226
▶ Comment travailler sur le locus de contrôle et se libérer de sa culpabilité pour devenir plus responsable (au sens étymologique du terme). 228
▶ Pourquoi ma méthode finit-elle par le locus ? 229
Conte à méditer *230*

Conclusion 235
Les livres qui ont éclairé mon chemin 243
Annexes 245
   Annexe 1 | Test des messages contraignants......................... 247
   Annexe 2 | Test des intelligences multiples............................. 255
   Annexe 3 | La règle des 21/90 : une règle puissante pour
               avancer dans la vie ?... 265
   Annexe 4 | L'échelle des comportements................................ 271
   Annexe 5 | La recette de la tarte TATIN.................................. 273

Printed in France by Amazon
Brétigny-sur-Orge, FR